Bernhard Serexhe

Selbst
Feuchtigkeitsschäden
erkennen und beheben

Compact Verlag

© 2006 Compact Verlag München
Alle Rechte vorbehalten. Nachdruck, auch auszugsweise,
nur mit ausdrücklicher Genehmigung des Verlages gestattet.
Alle Angaben wurden sorgfältig recherchiert, eine Garantie
bzw. Haftung kann dennoch nicht übernommen werden.
Chefredaktion: Dr. Angela Sendlinger
Redaktion: Uta Lux
Produktion: Wolfram Friedrich
Titelabbildung: Grünzweig + Hartmann (gr. Abb.)
Umschlaggestaltung: Ingeborg Cisse

ISBN-13: 978-3-8174-2245-6
ISBN-10: 3-8174-2245-8
2222451

Besuchen Sie uns im Internet: www.compactverlag.de

Ein Wort zuvor

Selbermachen – ein Hobby, das heute für Millionen zur sinnvollen Freizeitbeschäftigung geworden ist. Ob es sich nun um die gemietete Altbauwohnung oder um die eigenen vier Wände handelt, mit etwas Geschick und einer fachmännischen Anleitung lassen sich oft verblüffende Ergebnisse erzielen: bei kleineren Reparaturen, beim Renovieren und Verschönern und beim Um- und Ausbauen.

Und Selbermachen bringt Spaß. Freude an der eigenen Arbeit, deren Ergebnis man Tag für Tag sehen und »bewundern« kann; es spart Geld, mit dem sich langgehegte Wünsche erfüllen lassen, und es macht unabhängig von Handwerkern, auf die man womöglich wochenlang und schließlich vergeblich gewartet hat.

Fachgeschäfte, Heimwerker- und Baumärkte versorgen den Hobby-Handwerker mit allen Werkzeugen und Materialien, die er braucht. Doch richtiges Werkzeug und Begeisterung allein reichen nicht aus. Unerläßlich sind eine gründliche Vorbereitung und Fachkenntnisse, wie eine Arbeit durchzuführen und was dabei zu beachten ist.

COMPACT PRAXIS **Selbst Feuchtigkeitsschäden erkennen und beheben** zeigt, wie man's macht. Mit wertvollen Tips und Tricks, die sich in der Praxis tausendfach bewährt haben. Jeder Arbeitsgang wird ausführlich Schritt für Schritt gezeigt und in Bild und Text erläutert. Übersichtliche Symbole zeigen auf einen Blick, mit welchem Schwierigkeitsgrad, welchem Kraft- und Zeitaufwand Sie bei jedem Arbeitsgang rechnen müssen, welche Werkzeuge Sie brauchen und wieviel Geld Sie durch Ihre eigene Arbeit einsparen können.

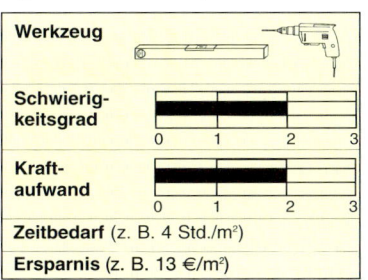

Und so stufen Sie sich richtig ein:

Schwierigkeitsgrad 1 – Arbeiten, die auch der Ungeübte ausführen kann. Es ist nur geringes handwerkliches Geschick erforderlich.

Schwierigkeitsgrad 2 – Arbeiten, die einige Übung im Umgang mit Werkzeug und Material erfordern. Es ist handwerklich durchschnittliches Geschick notwendig.

Schwierigkeitsgrad 3 – Arbeiten, die fachmännische Übung erfordern. Überdurchschnittliches Geschick ist erforderlich.

Kraftaufwand 1 – Leichte Arbeit, die jeder bequem erledigen kann.

Kraftaufwand 2 – Arbeiten, die eine gewisse körperliche Kraft voraussetzen.

Kraftaufwand 3 – Arbeiten für kräftige Heimwerker, die keine »Knochenarbeit« scheuen.

Inhaltsverzeichnis

Auf einen Blick

Inhaltsverzeichnis

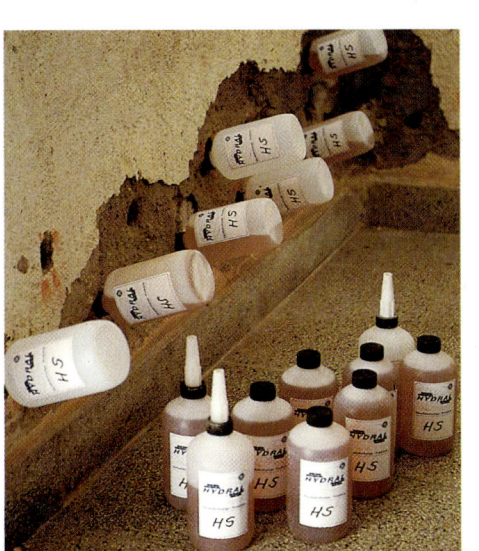

Die wichtigsten Fachbegriffe

Ausblühungen: Die Erscheinung der Salzkristallisation an der Oberfläche von Baustoffen.

Bauwerksabdichtung: Die Verfahren, mittels derer Horizontal- oder Vertikalabdichtungen in geschädigte Bauwerke eingebracht werden.

Bohrloch-Injektion: Das Verfahren der Einbringung von Flüssigkeiten in Bohrlöcher. Im engeren Sinne versteht man darunter den nachträglichen Aufbau einer Horizontalabdichtung durch Einbringen von kapillarsperrenden Mitteln.

Dampfbremse/Dampfsperre: Baustoffe (meist Folien) die das Eindringen von in der Raumluft enthaltenem Wasserdampf (Wasserdampfdiffusion) verhindern.

Dränage/Dränen: Die Maßnahmen zur Verstärkung des Wasserabflusses im Boden und im Bereich von Baugrundstücken.

Feuchtediagnostik: Das Verfahren zur Erkennung von Ursachen, Auswirkung und Kontrolle der Sanierung baulicher Schäden durch Feuchtigkeitseinfluß.

Feuchtetransport: Die durch unterschiedliche Kräfte hervorgerufene Bewegung des Wassers innerhalb von Baustoffen.

Frostabsprengungen: Sie werden durch die Volumenvergrößerung beim Auftauen von Wasser hervorgerufen: Hierdurch kommt es bei feuchten Baustoffen zum Abplatzen von oberflächennahen Teilen und zum Ablösen von Verputzen und Anstrichen.

Grundierung: Die auf einen Untergrund aufgebrachte Beschichtung, die der Aufnahme von weiteren Schichten dient.

Grundwasser: Das dicht unter der Erdoberfläche bis in größere Tiefen in zusammenhängenden Hohlräumen angesammelte Wasser aus versickerten Niederschlägen oder Uferfiltration.

Grundwasserspiegel: Die Oberfläche des Grundwassers.

Hydratation: Die Anlagerung von Wasser an Salze. Durch die damit einhergehende Volumenvergrößerung der Salze kommt es, neben einer deutlichen Feuchtigkeitszunahme, zur Zerstörung des Porengefüges in Baustoffen.

Hydrophil (wasserfreundlich): Werkstoffe, die Wasser anziehen und aufnehmen.

Hydrophob (wasserabweisend): Werkstoffe, an deren Oberfläche die Anziehungskräfte (Kohäsionskräfte) der Wassermoleküle so groß sind, daß sich Wasser in Tropfenform auf der Werkstoffoberfläche zusammenzieht (z.B. auf einer gewachsten Oberfläche).

Hydrophobierungsmittel: Sie machen die Oberflächen von Baustoffen wasserabweisend.

Hygroskopische Feuchtigkeitsaufnahme: Die Feuchtigkeitsaufnahme aus der Umgebungsluft.

Hygroskopische Gleichgewichtsfeuchte: Der Ausgleich der Feuchte in einem Baustoff im Verhältnis zur Feuchte der umgebenden Luft. Bei Salzbelastung wesentlich höher als bei unbelastetem Baustoff.

Imprägnierung: Das Tränken von Baustoffen mit wasserabweisenden Mitteln, um die Baustoffe gegen schädigende Wasseraufnahme zu schützen.

Kapillarer Wassertransport: Der Transport von Wasser in den Poren und engen Röhrchen (Kapillaren=Haar-Röhrchen) innerhalb der Baustoffe.

Kondensation: In der Raumluft enthaltener Wasserdampf schlägt sich an kalten Bauteiloberflächen oder in kalten Bauteilquerschnitten in Tröpfchenform nieder (Schwitzwasser), wenn die Temperatur dieser Bauteile den Taupunkt der Luft unterschreitet.

Konvektion (Luftströmung): Man spricht dann von Wasserdampfkonvektion, wenn die feuchte Raumluft durch offene Fugen und undichte Bauteilanschlüsse in Bauteile eindringt.

Kristallisationsschäden: Sie sind auf die Volumenvergrößerung beim Auskristallisieren von Salzen zurückzuführen, durch die bei hoher Salzkonzentration das Porengefüge der Baustoffe zerstört wird.

Raumklima: Es setzt sich aus den verschiedenen Komponenten Lufttemperatur, Luftfeuchtigkeit, Luftgeschwindigkeit, Temperatur der umschließenden Wände und dem Gehalt an Fremdstoffen in der Luft zusammen.

Schlagregen: Der durch einen schrägen Fallwinkel an die Außenwände anfallende Regen.

S_d-Wert: Der s_d-Wert ist das Maß für die wasserdampfdiffusionsäquivalente Luftschichtdicke. Der s_d-Wert beschreibt daher den Widerstand, den ein Baustoff gegenüber Wasserdampfdurchgang (Wasserdampfdiffusion) besitzt. Je größer der s_d-Wert, um so größer der Widerstand des Baustoffs gegenüber Wasserdampfdurchgang. Durch eine dampfbremsende Folie mit dem s_d-Wert 100 m diffundiert z.B. in gleicher Zeit 100 mal weniger Wasserdampf, als durch eine Luftschicht gleicher Dicke (Kondensation).

Spritzwasser: Das von Bauteilen oder Boden an das Bauwerk spritzende Niederschlagswasser.

Taupunkt: Die Temperatur, bei der die Luft gerade vollkommen mit Dampf gesättigt ist, die relative Luftfeuchtigkeit also 100 % beträgt. Wird diese Temperatur unterschritten, so bilden sich Wassertröpfchen und der Wasserdampf schlägt sich an kalten Bauteiloberflächen nieder (Kondensation).

Verdunstung: Der Übergang des Wassers aus dem flüssigen in den gasförmigen Zustand (Wasserdampf). Je wärmer Luft oder Baustoffe sind, um so mehr können sie Wasser in dampfförmigem Zustand aufnehmen. In kalten Baustoffen und an kalten Baustoffoberflächen geht das Wasser vom dampfförmigen in den flüssigen Zustand über.

Versalzung: Die Anlagerung von zunächst in Wasser gelöst eingebrachten, dann auskristallisierten Salzen in Baustoffen.

Wärme- und Kältebrücken: Die begrenzten Schwachstellen in Außenbauteilen, die eine geringere Wärmedämmung aufweisen als ihre Umgebung.

Wasserdampfdiffusion: Das Hindurchdringen von Wasserdampf durch diffusionsoffene Baustoffe kommt durch den Unterschied der Wasserdampfkonzentration (Dampfdruckunterschied) in der umgebenden Luft zwischen zwei Bauteiloberflächen zustande. Temperatur, Luftdruck und relative Luftfeuchte beeinflußen die Geschwindigkeit des Austauschs und die Menge des diffundierenden Dampfs. Wasserdampfdiffusion findet auch durch geschlossene Bauteile (Mauern, Gipskartonplatten, Holz usw.) statt.

Wasserdampfsorption: Die Aufnahme von Wasserdampf aus der Luft durch seine Anlagerung in den Kapillaren und den Feinporen eines Werkstoffs.

Wasserränder: Sie kennzeichnen Bereiche größerer und geringerer Feuchte in der Wand. Dabei liegt im dunkleren, unteren Mauerbereich Wasser in eher flüssiger Form vor, während es im oberen, helleren Bereich stärker verdunstet.

Feuchtigkeitsschäden erkennen und beurteilen

Abgesprengte Putz- und Farbschicht

Putzabsprengung im Sockelbereich

Feuchtigkeitsschäden an Bauwerken werden durch die Einwirkung von Wasser auf die Baustoffe hervorgerufen. Dabei kommt es nicht durch das Wasser an sich, sondern durch verschiedenste, beim **Feuchtetransport** und der Durchfeuchtung ablaufende physikalische, chemische und biologische Prozesse zur Zerstörung der Baustoffe. Wer sich mit Feuchtigkeitsschäden an Bauwerken und deren Sanierung befaßt, muß diese Wirkungsmechanismen kennen, um die Schäden beurteilen und beheben oder noch besser um ihnen vorbeugen zu können.

Wasser ist in allen Baustoffen enthalten. Beim Anmischen von Mörtel, bei der Verwendung von Stein und Holz, beim Aufbringen von Beschichtungen und Anstrichen wird immer Feuchtigkeit in das Bauwerk eingebracht. Unter normalen Bedingungen verdunstet ein großer Teil des beim Bauen eingebrachten Wassers, unter ungünstigen Bedingungen hält sich das Wasser als sogenannte Baufeuchte in einzelnen Baustoffen oder Bauteilen über längere Zeit. Bei der allmählichen Austrocknung des Bauwerks stellt

sich schließlich ein **Feuchtegleichgewicht** ein, das von der Eigenart der verwendeten Werkstoffe, von den klimatischen Bedingungen, von den Gegebenheiten des Baugrunds und der Bauausführung sowie von der Nutzung abhängig ist.

Bei nicht fachgerechter Bauausführung und durch Alterung der Baustoffe kommt es zu verstärkter und anhaltender Feuchtigkeitsaufnahme, die früher oder später zu entsprechenden Schäden führt. Hierbei können grundsätzlich fünf Mechanismen unterschieden werden:

1. Wasseraufnahme von unten her an den erdberührten und bodennahen Bauteilen.
2. Feuchtigkeitsaufnahme an den seitlichen Bauteiloberflächen.
3. Wasseraufnahme in Form von Niederschlagswasser.
4. Durchfeuchtung durch auslaufendes Wasser und durch defekte Versorgungs- und Entsorgungsleitungen.
5. Durchfeuchtung durch Kondenswasserbildung an der kalten Außenseite von wärmegedämmten Bauteilen (**Tauwasserschäden**).

Wasseraufnahme von unten her an den erdberührten und bodennahen Bauteilen

An erdberührten Bauteilen (Fundament und Kellermauern) drängt Wasser als Bodenfeuchtigkeit, als Grund-, **Schichten-** und **Sickerwasser** an. Fehlt es hier an einer wirkungsvollen Baugrundentwässerung und darüber hinaus an funktionierenden **Horizontal-** und **Vertikalabdichtungen** des Mauerwerks, so dringt das Wasser in Poren und Kapillaren der Baustoffe ein und steigt in den Mauern hoch. Da es weder nach außen an den erdberührten Maueroberflächen, noch nach innen an den Wänden meist feuchter Kellerräume verdunsten kann, findet eine Verdunstung ausschließlich oberhalb des Bodenniveaus statt.

Hierbei muß die **Verdunstungsfläche** in ihrer **Verdunstungsleistung** der Wasseraufnahme entsprechen. Sind die Baustoffe erst einmal weitgehend mit Wasser gesättigt, so kann nur durch eine großflächige Verdunstung eine weitere Wasseraufnahme ermöglicht werden. Wasserabgabe und Wasseraufnahme bedingen sich gegenseitig, und es findet ein kontinuierlicher Feuchtetransport von außen nach innen und von unten nach oben statt. Dabei kann sich der Verdunstungsbereich weit über das Bodenniveau hinaus erstrecken.

Die Verdunstungsleistung der Außenmauern ist von klimatischen Bedingungen und von der Wasserdampfdurchlässigkeit der Baustoffe (z.B. des Verputzes) abhängig. Je höher wasserdampfbremsende Beschichtungen (z.B. **Dichtungsschlämmen**, **Keramikverblendungen**, wassersperrende **Anstriche**) in **Sockelzonen** hinaufreichen, um so höher muß die Feuchtigkeit auch in der Mauer hinaufsteigen, um verdunsten zu können.

Das eindringende Wasser transportiert außerdem verschiedenste Stoffe in gelöster Form in das Mauerwerk. Hierbei handelt es sich im wesentlichen um gelöste Salze (aus dem Boden, aus Niederschlägen, Tausalz), die beim Verdunsten des Wassers in den höheren Mauerbereichen auskristallisieren und sich dort in immer größerer Menge ansammeln. Es kommt zu den bekannten Salzausblühungen.

Ungeschütztes Mauerwerk

Stark geschädigtes Mauerwerk

Geschädigte Fensterbank

Schaden im Fensterbereich

Da zudem alle Salze selbst Feuchtigkeit anziehen und binden, findet eine verstärkte Aufnahme von Luftfeuchtigkeit (hygroskopische Feuchtigkeitsaufnahme) statt, so daß sich die Verdunstungszone an den Bauwerksoberflächen immer weiter ausbreiten und nach oben verlagern muß, um weiterhin eine ausreichende Verdunstungsleistung zu erbringen.

Mit der starken Versalzung von Mauerwerk und Verputz setzt der eigentlich zerstörende Prozeß erst richtig ein. Durch das an der Oberfläche in Form von Ausblühungen sichtbar werdende Auskristallisieren und die zusätzliche **Wasseranlagerung** (Hydratation) vergrößern die Salze ihr Volumen erheblich. Es kommt zur mechanischen Zerstörung des Porenaufbaus in den Baustoffen.

Die hierdurch besonders geschädigten Bauteiloberflächen nehmen dann von unten und von der Seite aus der Umgebungsluft soviel Feuchtigkeit auf, daß durch die Volumenvergrößerung des Wassers bei Frost-/Tauwechsel ausgebreitete Oberflächenteile abgesprengt werden können (Frostabsprengungen). Anstrich und Verputz verlieren ihre schützende Funktion, die Mauer kann nun um so mehr Wasser in Form von Schlagregen, Spritzwasser und Luftfeuchtigkeit aufnehmen. Die sich einstellende, hohe Mauerfeuchte beruht auf einem ungesunden Gleichgewicht zwischen verstärkter Feuchtigkeitsaufnahme und weit reichender, allgemeiner Durchfeuchtung des Bauwerks mit allen ihren schädlichen Folgen: Baustoffzerstörung, ungesundes Wohnklima, hohe Heizkosten, starker Wertverlust.

Feuchtigkeitsaufnahme an den seitlichen Bauteiloberflächen

Neben der bereits besprochenen starken Feuchtigkeitsaufnahme aus der Umgebungsluft bei vorliegender Versalzung kann Feuchtigkeit auch durch andere Mechanismen an den seitlichen Maueroberflächen aufgenommen werden. Besonders gefährlich ist hier eine ständige Durchfeuchtung innerhalb des Wandaufbaus oder an innenliegenden Oberflächen von Außenwänden durch die in der Raumluft enthaltene Feuchtigkeit. Bei nicht fachgerecht ausgeführter Wärmedämmung (z.B. im Bereich von Kältebrücken) und bei fehlender oder nicht fachgerecht ausgeführter Dampfbremse dringt beständig feuchte Raumluft an den warmen Innenwänden in den Mauerquerschnitt ein.

In der Raumluft enthaltener Wasserdampf kondensiert an der Außenfläche der Dämmschicht oder im weiter außenliegenden Mauerquerschnitt. Es kommt zu einer allmählichen Erhöhung der **Materialfeuchte** mit entsprechenden Fäulnisprozessen (z.B. am Holz im Dachstuhl) und Schimmelbildung sowie einer erheblichen Senkung der Dämmleistung der eingebauten Dämmstoffe.

Zu starker Feuchtigkeitsaufnahme aus der Raumluft kommt es auch in schlecht gelüfteten Bädern, Duschecken, Küchen und Waschräumen. Dabei kondensiert der Wasserdampf oft bereits an den Wandoberflächen und dringt in Tröpfchenform in die Wände ein. Schimmelbildung und Ablösen von **Anstrichen** und Tapeten sind meistens die unausweichlichen Folgen.

Wasseraufnahme in Form von Niederschlagswasser

Zu den offensichtlichsten Feuchtigkeitsquellen zählt von oben her eindringendes Niederschlagswasser. Undichte Dächer und mangelhafte oder gar nicht vorhandene **Dachentwässerung** zählen zu den Ursachen ebenso wie offene **Anschlußfugen** an Gebäudeteilen (Fenster, Balkone), in die Schlagregen oder stehendes Wasser ungehindert eindringen kann. Die hierbei entstehenden Feuchtigkeitsschäden betreffen häufig die Holzteile von Dachstühlen, die beim Dachausbau verwendeten Dämmstoffe und Bekleidungen, die Plattenbeläge und tragenden Teile von Balkonen und Terrassen und die Rahmen von Fenstern und Türen. An Holzteilen treten Fäulnis- und Schadinsektenbefall auf, an Plattenbelägen zeigen sich Vermoosung und Frostschäden, an Betonteilen (z.B. Balkonen) kommt es zu gefährlichen Rosterscheinungen der Eisenarmierung mit dem Absprengen von oberflächennahen Bereichen. Sind erst einmal tragende Teile von schwerwiegenden Feuchtigkeitsschäden betroffen, so gehört die aufgrund der statischen Gefähr-

Stark beschädigtes Fachwerk

Fehlende Dachziegel

Schaden durch defektes Dach

Mangelhafte Dachentwässerung

dung dann dringend notwendige Sanierung in die Hand von erfahrenen Fachbetrieben.

Durchfeuchtung durch auslaufendes Wasser und durch defekte Versorgungs- und Entsorgungsleitungen

Spontan auslaufendes Wasser tritt insbesondere bei defekten Wasserleitungen (Wasserrohrbruch) und platzenden Schlauchleitungen (Waschmaschine, Spülmaschine) auf. Die damit einhergehenden Schäden an Anstrichen, Tapeten, Bodenbelägen und Möbeln können erheblich sein. Die notwendigen Renovierungsarbeiten sind arbeitsaufwendig und für den Verursacher teuer, wenn die Kosten nicht durch eine Versicherung gedeckt sind. Es handelt sich jedoch in den seltensten Fällen um tiefgreifende Schäden an der **Bausubstanz** im Sinne der bisher aufgeführten Feuchtigkeitsschäden.

Eine häufige Ursache für defekte Wasserleitungen und Abwasserrohre ist das Einfrieren der Leitungen in unbeheizten Gebäudeteilen (Nebengebäuden, Garagen) oder bei Außenanschlüssen. Hiergegen kann man nur durch rechtzeitiges Entleeren der Leitungen vor der Frostperiode oder durch entsprechende Wärmedämmung an den Leitungen und Rohren vorsorgen. Der Gefahr von Wasserschäden durch platzende Anschlußschläuche von Waschmaschinen und Spülmaschinen kann durch Montage von Hochdruckschläuchen und elektronisch geregelten Sicherheitsventilen optimal entgegengewirkt werden.

Durchfeuchtung durch Kondenswasserbildung an der kalten Außenseite von wärmegedämmten Bauteilen

Jeder kennt dieses Phänomen: Wenn man im Winter an eine Fensterscheibe haucht, so schlägt sich die in der Atemluft enthaltene Feuchtigkeit am kalten Bauteil nieder. Nichts anderes geschieht mit dem in der Raumluft enthaltenen Wasserdampf, wenn er durch scheinbar geschlossene Werkstoffschichten wie Mauerwerk, Gipskartonplatten oder Dämmstoffe in den Wandaufbau eindringt (Wasserdampfdiffusion) und sich an den kalten Außenflächen in Form von kleinen Wassertropfen niederschlägt.

An undichten Anschlußfugen (bei Dämmstoffen) kommt es zusätzlich zu einem unmittelbaren Einfließen von wasserdampfhaltiger Raumluft (**Raumluftkonvektion**) in den Wandaufbaus. Kommt es innerhalb des Wandaufbaus zum Unterschreiten des Taupunkts, so schlägt sich der eingedrungene Wasserdampf in Tröpfchenform nieder.

Bei fehlender oder behinderter Luftzirkulation an den Außenflächen der Bauteile, z.B. unter den Ziegeln eines gedämmten Daches, können die anfallenden Tauwassermengen so erheblich sein, daß sie in die darunterliegenden Werkstoffe eindringen und diese durchfeuchten. Die direkte Folge dieser Durchfeuchtung ist die deutliche Abnahme des Dämmwerts, später kommt es zu Schimmel- oder gar Fäulnisbildung an den benachbarten Holzteilen.

Da sich die auftretenden Tauwasserschäden zunächst im Inneren des Wandaufbaus abspielen, bleiben sie häufig so lange unbemerkt, bis sie nach außen vorgedrungen und damit deutlich sichtbar sind. Für einfache Sanierungsmaßnahmen ist es dann oft zu spät. Wenn tragende Holzteile betroffen sind, muß meist die ganze Konstruktion erneuert werden. Zwar hilft gegen das Einströmen von Raumluft (Raumluftkonvektion) an offenen Anschlußfugen das lückenlose und luftdichte Verschließen aller Fugen und Anschlüsse. Die durch geschlossene Baustoffe hindurch stattfindende Wasserdampfdiffusion kann jedoch nur durch das raumseitige, flächendeckende Anbringen einer dampfbremsenden Spezialfolie verhindert werden.

Allgemein kann zu den hier beschriebenen Mechanismen von Feuchtigkeitsschäden gesagt werden: Je deutlicher Feuchtigkeit hervortritt (Auslaufen von Wasser, undichte Stellen in Dächern), um so schneller wird der Schaden entdeckt und auch behoben. Dies bedeutet umgekehrt, daß die weniger deutlich hervortretenden Durchfeuchtungen (Wasseraufnahme vom Fundament her, Kondenswasser) die größeren Schäden verursachen, weil sie meistens erst spät entdeckt und deshalb zu spät behoben werden.

Unzureichende Wasserableitung

Undichtes Abflußrohr

Baulicher Holzschutz ohne Chemie

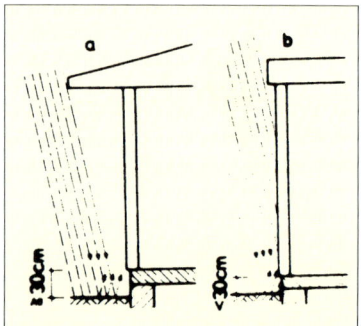

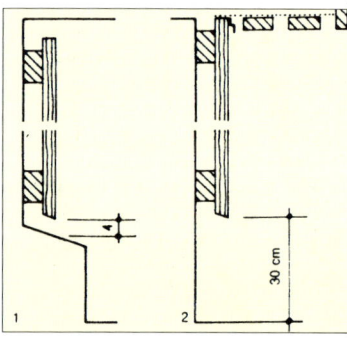

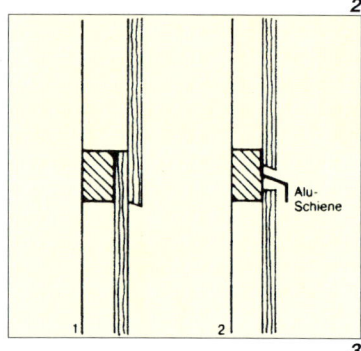

Holz ist ein für nahezu alle Bauaufgaben ideal geeigneter Werkstoff. Es kann sowohl am Außenbau als auch beim Innenausbau in vielfältigster Weise eingesetzt werden und ist auch vom Heimwerker problemlos zu verarbeiten. Holzfachhandel und Heimwerkermärkte halten Hölzer aller Sortierungen und Holzwerkstoffe in bedarfsgerechten Abmessungen bereit. Oft bedarf es nicht einmal entsprechender Maschinen, um anspruchsvolle Holzverkleidungen und Einbauten herzustellen.

Die zunehmende Verwendung dieses natürlichen Werkstoffs hat aber auch beträchtliche Nachteile für unsere Umwelt mit sich gebracht. Die unkontrollierte Abholzung tropischer Edelhölzer hat in den letzten Jahren zu einer raschen Zerstörung riesiger Flächen tropischen Regenwalds geführt. Der oft ungehemmte Einsatz chemischer **Holzschutzmittel** hat deutlich zur Belastung unserer Umwelt mit gefährlichen Lösemitteln und hochgiftigen Wirkstoffen beigetragen und viele Anwender, oft auch weniger sachkundige Heimwerker, gesundheitlich gefährdet.

Dabei bieten unsere heimischen Wälder ausreichende Mengen hervorragend geeigneter Holzarten (Fichte, Tanne und Kiefer). Der Verwertung dieser Holzarten steht in Deutschland ein entsprechender Anbau gegenüber; es wird immer die Menge Holz eingeschlagen, die auch wieder nachwächst.

Ökotip
Mit dem Verzicht auf tropische Edelhölzer und der Verwendung einheimischer Holzarten leisten Sie einen wichtigen aktiven Beitrag zum Umweltschutz.

Außerdem kann bei fachgerechter Verarbeitung und richtigem Einbau in den meisten Fällen gänzlich auf chemische Holzschutzmittel verzichtet werden. Denn Holz hat eine nahezu unbegrenzte Lebensdauer, wenn entsprechende Maßnahmen zum baulichen Holzschutz getroffen werden.

Nahezu alle **Holzschäden** werden durch einen zu hohen Feuchtegehalt, bzw. durch zu starke Feuchteänderungen des Holzes hervorgerufen. Eine **Holzfeuchte** von über 20 % bietet eine ideale Wachstumsgrundlage für viele holzschädigende **Pilze**. Manche **Schadinsekten**, z.B. die Larven des Hausbocks, fühlen sich schon in weniger feuchtem Holz wohl. Starke Feuchteänderungen führen zum Schwinden und Quellen des Holzes und somit zu beträchtlichen Formänderungen und Rißbildung. Zu hohe Feuchtegehalte und starke Feuchteänderungen lassen sich aber durch entsprechende bauliche Maßnahmen verhindern.

Baulicher Holzschutz umfaßt also alle konstruktiven Maßnahmen, die eine schädigende Feuchtigkeitsaufnahme verhindern oder starke Feuchteänderungen des Holzes ausschließen.

1 Eine der wichtigsten Maßnahmen zum baulichen Schutz von Außenbekleidungen vor Schlagregen und starker Sonnenbestrahlung ist die Einplanung ausreichender **Dachüberstände**. Bei vorgesehener **Profilbrettbekleidung** an Neubauten sollte dies natürlich bereits bei der Planung berücksichtigt werden. Bei der Bekleidung von Altbauten kann durch eine Verlängerung der **Dachsparren** sowie der

Dacheindeckung für einen größeren Dachüberstand gesorgt werden. Besondere Bedeutung kommt auch der Ausbildung einer hohen Sockelzone zu. Bei einem Bodenabstand der Holzbekleidung von mindestens 30 cm und entsprechend unregelmäßiger, nicht glatter Bodenoberfläche (z.B. Kies) ist die Holzbekleidung ausreichend vor Spritzwasser geschützt.

2 Durch eine schräge Ausbildung der **Tropfkanten** kann verstärktes Eindringen von Niederschlagswasser an den besonders gefährdeten Hirnholzflächen vermieden werden. Auch hierbei ist auf einen ausreichenden Abstand zu anderen Bauteilen oder zum Boden zu achten.

3 Bei allen Profilbrettbekleidungen sollte auf waagerechte Stöße so weit wie möglich verzichtet werden. Sind waagerechte **Stöße** aus konstruktiven Gründen (z.B. Mauerabsätze, Brettlängen) nicht zu vermeiden, so sollten sie überlappt, mit abgeschrägter Tropfkante, ausgeführt werden.

4 Waagerecht angebrachte Profilbrettbekleidungen sollten keine

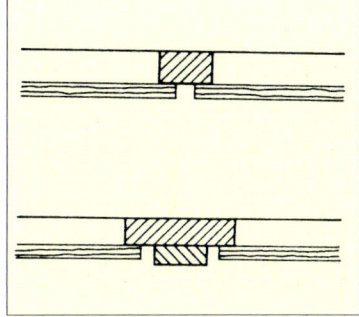

4

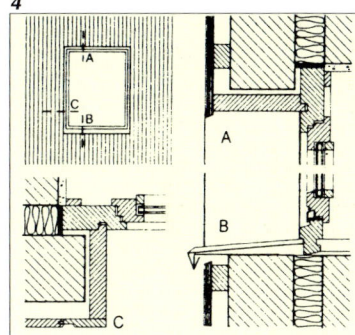

5

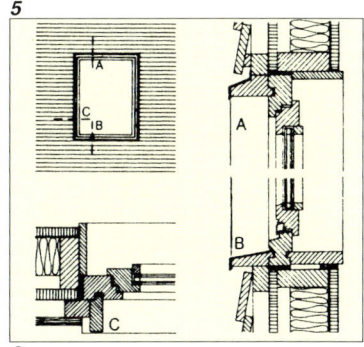

6

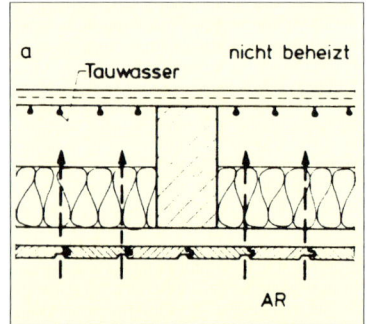

7

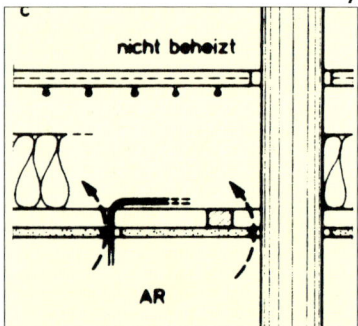

8

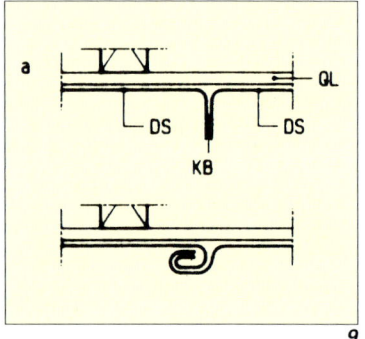

9

engen Stöße zwischen den Brettern aufweisen. Hier kann sich Feuchtigkeit besonders lange halten und in das Hirnholz eindringen. Für ein rasches Ablaufen des Niederschlagswassers und schnelles Austrocknen der Fugen sorgen offene Stöße (mindestens 1 cm).

5 Wegen der am Außenbau notwendigen **Hinterlüftung** von Holzbekleidungen sind die Ränder besonders von **Fensteröffnungen** oftmals schwierig zu gestaltende Bereiche. Der seitliche **Schalungsrand** (C) kann hier durch eine am Fensterrahmen montierte oder in diesen eingenutete Leiste gebildet werden. Die über der Fensteröffnung abgeschnittenen Profilbretter (A) sollten eine abgeschrägte Tropfkante erhalten. Die Fensterbank (B) steht mit ihrer Tropfkante weit über die untere Schalung über, so daß das ablaufende Regenwasser von der Verkleidung weggeleitet wird. Zwischen der Fensterbank und der Bekleidung ist ein ausreichender Spalt für die Belüftung gelassen.

6 Bei waagerecht aufgebauten Profilbrettbekleidungen sollte die

obere Tropfkante an Fensteröffnungen durch einen **Wasserschenkel** mit weit überstehendem Aluminiumprofil gebildet werden.

7 Besondere Bedeutung beim baulichen Holzschutz von Holzbekleidungen kommt dem **Tauwasserschutz** zu. Hierunter versteht man den Schutz gegen eine Durchfeuchtung durch Kondensieren von in der Raumluft enthaltener Feuchtigkeit an der Oberfläche oder im Inneren von kalten Bauteilen. Wasserdampf kann in beheizten Räumen unmittelbar an einer holzbekleideten Innenwand kondensieren und die Holzteile erheblich durchfeuchten, wenn die Wand selbst nicht ausreichend gedämmt, also gegenüber der Raumluft kalt ist. Wasserdampf dringt auch durch geschlossene Werkstoffschichten (z.B. Mauerwerk, Gipskartonplatten) in den Wandaufbau ein. Dabei handelt es sich um Wasserdampfdiffusion. Die Abbildung zeigt das Eindringen von Raumluft aus einem beheizten Aufenthaltsraum (AR) durch die Fugen einer Profilbrettbekleidung. An der Innenfläche der kalten **Außenschalung** schlägt sich der in der Raumluft enthaltene Wasserdampf in Tröpfchenform nieder.

8 Feuchte Raumluft kann auch bei Fugen und Anschlüssen, z.B. bei Kabeldurchführungen, einströmen.

9 Auch bei der konventionellen Befestigung von Dampfsperren mit Tackerklammern wurden in der Vergangenheit häufig Fehler gemacht, die zu erheblichen Feuchtigkeitsschäden im Bereich von Profilbrett- oder Plattenbekleidungen geführt haben. Dampfsperrende **Folien** erfüllen wegen der Raumluftkonvektion ihre Aufgabe nur dann, wenn alle **Folienüberlappungen** und alle Anschlußstellen an umgebenden Bauteilen lückenlos abgedichtet sind. Die Abbildung zeigt schematisch das Verkleben einer Folienüberlappung mit doppelseitigem Klebeband.

10 Holz ist besonders am Außenbau durch Kontakt mit anderen feuchten Bauteilen gefährdet. Die Feuchtigkeit wird dabei vom feuchteren Baustoff (z.B. Mauerwerk, Beton) auf den trockeneren Baustoff (Holz) übergeleitet. Ent-

sprechend sind erdberührende Holzteile oder ohne weiteren Schutz auf Beton- oder Mauerfundamenten gegründete Holzpfosten (z.B. in alten Scheunen und Schuppen) in ihren unteren Teilen häufig frühzeitig von Fäulnis befallen, während die oberen Teile noch in gutem Zustand sind. Wegen der gefährdeten **Standsicherheit** kommt dann meist nur noch ein Abriß in Frage, der bei fachgerechtem baulichen Holzschutz hätte vermieden werden können. Bei **Pfostengründungen** hilft gegen aufsteigende Feuchte nur ein **Aufständern** auf entsprechende korrosionssichere Metallteile, die vom Fachhandel in allen brauchbaren Formen bereitgehalten werden oder ein ganzflächiges Unterlegen der Holzteile mit **wassersperrenden** Materialen (z.B. mit Bitumenpappe).

11 Um zu vermeiden, daß Regenwasser zwischen Abdichtung und Holz eindringt (z.B. bei unzureichend überdachten Holzteilen), können Außenbekleidungen von Holzbauten so weit über die **Sockelkante** hinabgeführt werden (1), daß ablaufendes Wasser sicher von den tragenden Holz-

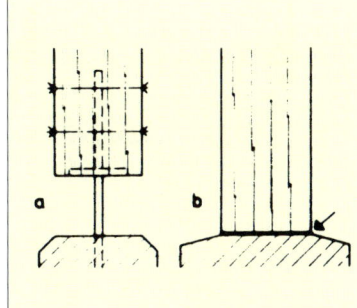

10

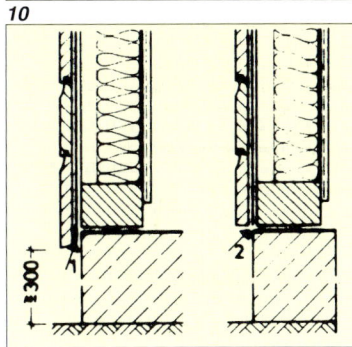

11

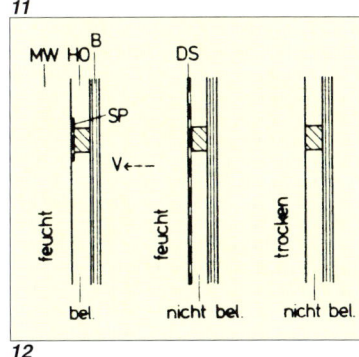

12

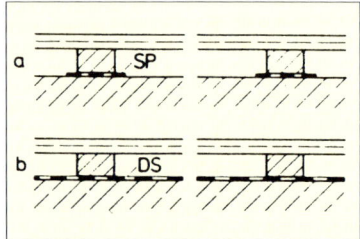

13

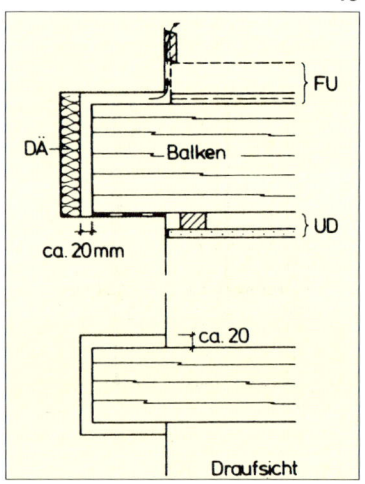

14

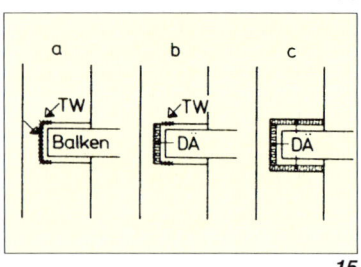

15

teilen abgeleitet wird. Ein ausreichender Schutz vor dem Eindringen von Spritzwasser ist jedoch auch hier nur dann gewährleistet, wenn der Sockel hoch genug ist. Bei einem bündigen Abschließen der Holzbekleidung (2) ist das Eindringen von ablaufendem Wasser, von Schlagregen und Spritzwasser nicht sicher auszuschließen.

12 Auch die raumseitige Bekleidung von noch baufeuchten **Massivwänden** (MW) mit Holz oder Holzwerkstoffen erfordert einen wirksamen Schutz vor direkter Feuchteübertragung. Bei hinterlüfteten Bekleidungen (B) erfordert bereits das Unterlegen der Lattung eine Sperrschicht (SP). Bei nicht belüfteten Bekleidungen sollte eine Feuchteübertragung durch Wasserdampfdiffusion durch Anbringen einer Dampfsperre (DS) verhindert werden. Dabei ist darauf zu achten, daß die vom Mauerwerk aufgenommene Feuchte auf der rückseitigen Wand verdunsten kann (V).

13 Holzböden auf Betondecken in Neubauten sollten grundsätzlich durch Unterlegen der Lagerhölzer

mit **Bitumenpappe** (SP) oder einer dampfsperrenden Folie (DS) vor einer Übertragung der Baufeuchte geschützt werden.

14 Bei **Balkendecken** sind insbesondere die aufliegenden **Balkenköpfe** durch Feuchteübertragung gefährdet. Um einen direkten Kontakt mit feuchten Baustoffen zu unterbinden, hilft hier das Unterlegen der Balken mit wassersperrenden Materialien. Auch an allen anderen Begrenzungsflächen des Balkenkopfs sollte ein direkter Kontakt zu feuchten Baustoffen (z.B. Mörtel) dringend vermieden werden. Der Balkenkopf sollte an allen Seiten, auch an seiner Oberseite, frei von Luft umspült werden können. Zur Vermeidung von **Wasserdampfkondensation** mit Tropfwasserbildung sollte das **Balkenloch** vor allem an der Stirnseite des Balkens entsprechend gründlich gedämmt werden.

15 Eine nur einseitige Dämmung des Balkenlochs birgt bei einschaligem Außenmauerwerk immer noch die Gefahr der Tauwasserbildung (a und b). Hier ist immer eine allseitige Dämmung (c) erforderlich.

16–17 Bei der Verwendung von verfliesten **Holzspan-** oder **Gipskartonplatten** (GB) im Dusch- oder Badebereich kommt es natürlich auf eine besonders sichere Abdichtung der Plattenwerkstoffe gegen eindringendes Wasser an. Um eine Durchfeuchtung der Wandbaustoffe im Bereich undichter **Plattenfugen** (Z) zu verhindern, wird die Plattenoberfläche mit **Bitumen-Kautschuk-Emulsion** (BKE) oder mit kunstharzvergütetem **Zementpulverkleber** mit Dispersionszusatz (ZPK + D) abgedichtet. Eine sichere Abdichtung der Wandbauplatten wird nur durch einen zweifachen Anstrich mit vorangehender Grundierung erreicht. An allen Eckverbindungen ist besonders auf Dichtigkeit zu achten. Die Plattenoberfläche wird im gesamten Eckbereich zusätzlich mit einem elastischen **Dichtungsband** (KLB) abgedichtet. Die Eckfugen des Fliesenbelags werden mit einer dauerelastischen **Dichtungsmasse** (DMS) auf Silikonbasis ausgeführt.

18–20 Im Bereich der Anschlüsse zwischen **Duschwanne** und **Duschwand** müssen die feuchtempfindlichen Ränder der Wandbauplatten besonders sicher gegen Eindringen von Feuchtigkeit geschützt werden. Die Abbildungen zeigen verschiedene Ausführungsmöglichkeiten mit Silikondichtmassen (DMS), wobei sich die in Abbildung 20 mit für die Plattenbauweise speziell geeigneter Duschwanne (mit hohem Rand) als die sicherste Lösung erwiesen hat.

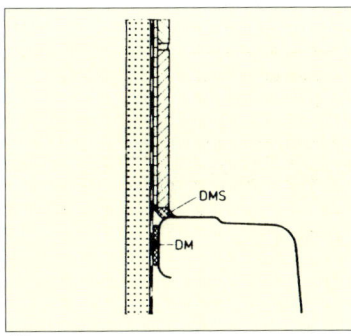

18

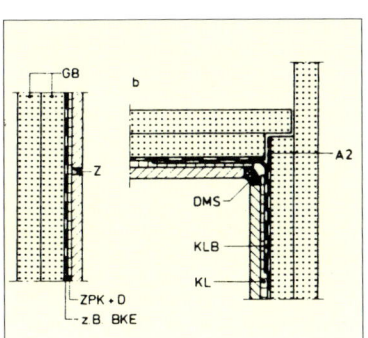

16

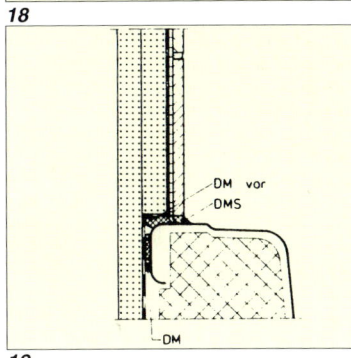

19

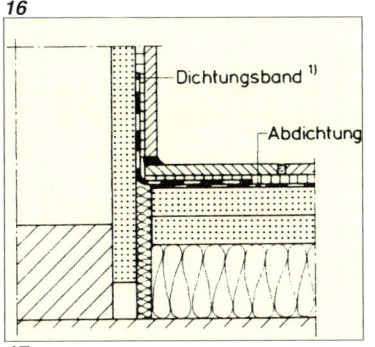

17

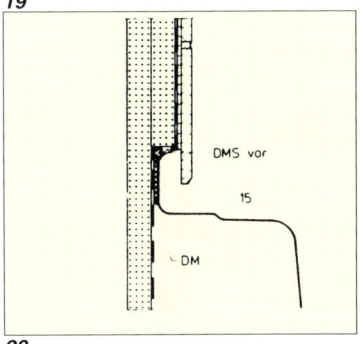

20

Auf chemischen Holzschutz verzichten

Unter chemischem Holzschutz versteht man das Aufbringen, Imprägnieren oder Tränken von Holzbauteilen mit gegen Holzschädlinge wirksamen Holzschutzmitteln. Holzschutzmittel werden in salzhaltige, wasserlösliche Mittel und lösemittelhaltige oder ölige Mittel unterschieden.

Man unterscheidet **fixierende** (nicht auswaschbare) und nicht fixierende **Salze**. Nicht fixierende Holzschutzsalze sind durch Wasser auswaschbar.

Lösungsmittelhaltige oder ölige Holzschutzmittel wirken durch die in ihnen enthaltenen hochwirksamen **Pestizide**. Leider hat die Erfahrung gezeigt, daß ehemals zugelassene Holzschutzmittel wegen ihrer erwiesenen Schädlichkeit für Mensch, Tier und Pflanze vom Markt genommen werden mußten.

Langzeitig hohe Feuchtegehalte (über 20 % Holzfeuchte) begünstigen einen Befall durch Pilze. Lediglich der seltene **Echte Hausschwamm** kann sich in trockenem Holz ausbreiten. Ein Befall durch Schadinsekten ist im trockenen Holz praktisch ausgeschlossen, wenn für eine Eiablage durch Insekten die nötigen Holzrisse nicht vorhanden sind, oder die Holzteile durch eine geschlossene Bekleidung überdeckt sind.

Bei einer konsequenten Anwendung von Maßnahmen des baulichen Holzschutzes und einer umsichtigen Kontrolle und Nachpflege des Holzes braucht Schädlingsbefall im allgemeinen nicht befürchtet zu werden. Dies gilt insbesondere für Holzeinbauten in beheizten Innenräumen und überall dort, wo Holzteile offen eingebaut und somit kontrollierbar sind.

Gerade für Holzbehandlung und Holzschutz gilt: Der einfachste Weg ist nicht immer der sicherste. Nachdem in der Vergangenheit oft bedenkenlos hochgiftige chemische Holzschutzmittel in großem Maßstab angewendet wurden, ist man heute umsichtiger geworden. Es gilt heute als erwiesen, daß die früher in lösemittelhaltigen und öligen Holzschutzmitteln enthaltenen organischen Pestizide (z.B. Lindan, PCP, Endosulfan, Phenylquecksilber) schwerste Schäden bei Mensch und Umwelt hervorrufen können. Nachdem die nicht sachkundigen Anwender, vor allem wohlmeinende Heimwerker, jahrzehntelang in Sicherheit gewogen wurden, ist heute in Deutschland ein Großteil dieser giftigen Wirkstoffe für eine Verwendung in Holzschutzmitteln verboten.

Prinzipiell sollte sowohl im eigenen als auch im Interesse unserer Umwelt auf die Anwendung von chemischen Holzschutzmitteln so weit wie irgend möglich verzichtet werden.

Die Anwendung amtlich geprüfter und zugelassener chemischer Holzschutzmittel ist zudem nach der Landesbauordnung nur für wichtige tragende Holzbauteile und auch bei diesen nur dann vorgeschrieben, wenn sie durch Holzschädlinge gefährdet sind. Als gefährdet gelten nach DIN 68 800 Teil 3 lediglich:
1. Tragende Teile im Außenbereich.
2. Das Holz nicht ausgebauter Dachstühle.
3. Tragende Teile im Innenbereich mit sehr hoher Feuchtigkeitsbelastung.

Sicherheitstip

Für den Umgang mit Holzschutzmitteln, Lasuren und Lacken gelten folgende Vorsichtsmaßnahmen:

– Auf den Gebinden sind normalerweise in verständlichen Symbolen die Gefahren angezeigt, die bei unsachgemäßem Gebrauch von dem betreffenden Mittel ausgehen können.

– Die Gebindeaufschriften geben zudem meistens Auskunft über notwendige Schutzvorkehrungen bei der Verarbeitung.

– Kommen Holzschutzmittel versehentlich auf die Haut, so müssen Sie sie sofort mit reichlich klarem Wasser abspülen bzw. mit Seife und Wasser abwaschen. Bei anhaltenden Beschwerden sollten Sie einen Arzt aufsuchen.

– Kommen Ihnen Holzschutzmittel in die Augen, so müssen Sie sofort mit klarem Wasser ausgespült werden. Danach müssen Sie in jedem Fall einen Augenarzt aufsuchen.

– Werden Holzschutzmittel verschluckt, so muß sofort ein Arzt oder ein Krankenhaus aufgesucht werden. Für die Behandlung ist eine genaue Angabe des Namens des Holzschutzmittels wichtig (Gebinde mitnehmen).

– Lösungsmittelhaltige Holzschutzmittel, Lasuren, Lacke und Beizen sind meistens leicht entzündbar, manchmal auch explosiv. Die Nähe offener Flammen muß unbedingt vermieden werden. Bei Bränden besteht Vergiftungsgefahr durch das Einatmen der freigesetzten Dämpfe.

– Bei jeder Verarbeitung sollten Sie Schutzkleidung (lösungsmittelbeständige Schutzhandschuhe und Schutzbrille) tragen.

– Während der Verarbeitung essen, trinken oder rauchen Sie niemals.

– Sollten Sie lösemittelhaltige Holzschutzmittel, Lasuren, Lacke oder Beizen in Innenräumen verarbeiten, so lüften Sie diese während der Verarbeitung und danach einige Tage gründlich. Die Räume können während dieser Zeit nicht bewohnt werden.

– Holzschutzmittel sollten in keinem Fall in Schlafzimmern oder an Schlafmöbeln, in Räumen (z.B. Speisekammern) oder an Schränken verarbeitet werden, in denen gleichzeitig oder später Lebensmittel aufbewahrt werden.

– Bewahren Sie alle Gebinde vor Kindern verschlossen auf und geben Sie sie als Sonderabfall bei den örtlichen Sammelstellen ab.

Auf den Einsatz chemischer Holzschutzmittel auch dieser Teile können Sie auf jeden Fall verzichten, wenn das trocken eingebaute Holz folgenden Kriterien entspricht:

1. Das Holz ist kontrollierbar offen angeordnet.

2. Das Holz ist allseitig geschlossen abgedeckt.

3. Eine spätere Befeuchtung kann ausgeschlossen werden bzw. feuchtgewordene Holzbauteile können durch diffusionsoffene Bauweise in kurzer Zeit (unter 6 Monaten) wieder austrocknen.

Ökotip

Bei fachgerechter Verarbeitung und einem Einbau unter den Gesichtspunkten des baulichen Holzschutzes brauchen Sie Holzbauteile überhaupt nicht chemisch behandeln.

Wassersperrende Beschichtungen

Wassersperrende Beschichtungen werden bei der Bauwerksabdichtung dort eingesetzt, wo von außen Feuchtigkeit in Form von Wasser in das Mauerwerk eindringen könnte. Beim Neubau oder bei der Altbausanierung kommen sie am Außenbau zur flächigen Abdichtung von Fundament- und Kellermauerwerk gegen Bodenfeuchtigkeit, Oberflächen- und Sickerwasser zur Anwendung.

1 Dichtungsschlämme eignet sich auch zur Abdichtung von Behältern (z.B. Schwimmbekken), um ein Auslaufen des Wassers zu verhindern. Sie wird in dünner Schicht mit dem Quast oder der Glättkelle aufgetragen. Als materialkonstanter Werktrockenmörtel wird Dichtungsschlämme im Werk in optimaler und güteüberwachter Zusammensetzung aus hochwertigen Bindemitteln und Zuschlagstoffen gemischt und braucht auf der Baustelle nur noch mit Wasser angerührt werden. Ihre handelsübliche Abpackung in kleinen Säcken (10 oder 25 kg) erlaubt dem Benutzer auch das Abdichten kleinerer Flächen ohne große Restmengen.

2 **Bitumenanstriche** liefern eine Normalabdichtung gegen nicht drückendes Wasser. Sie eignen sich ebenfalls zum Abdichten und Reparieren von Pappdächern und zum Schutz von Holz und Metallen. Sie sollten von gesundheitsschädlichen Stoffen wie Teer, Phenol und Benzol frei und nach dem Trocknen geruchlos sein.

3 **Bitumendickschichtanstriche** bilden nach dem Auftrocknen eine hoch dehnfähige »Folie« und sind damit handelsüblichen Bitumenanstrichen überlegen. Sie sind zum Abdichten von Kelleraußenwänden hervorragend einsetzbar, dienen zur Sanierung von Dach- oder Balkonflächen, zum Schutz von Metallen und eignen sich zur Abdichtung von Duschnischen und Bädern vor dem Verlegen von Fliesen. Sie haften auf allen bauüblichen Materialien.

Ökotip

Bei allen Bitumenbeschichtungen sollten Sie unbedingt darauf achten, daß sie lösemittelfrei und umweltfreundlich sind.

Spachtelmassen und Dichtstoffe

Zum Verfugen von Anschluß- und **Dehnungsfugen** und zum Abdichten von Rissen und Löchern verwenden Sie Spachtelmassen und Dichtstoffe.

Bitumenspachtelmasse wird bei der kleinflächigen Abdichtung und Reparatur von schadhaften Papp- und Metalldächern sowie von Bitumenabdichtungen am Mauerwerk eingesetzt.

Ökotip
In der Regel sind solche Spachtelmassen lösemittelhaltig. Sie sollten deshalb nur im Freien verarbeitet werden.

Bitumenkautschuk wird zur Abdichtung und Reparatur von Anschlußfugen und Stößen zwischen Dachpappe, Bitumenschweißbahnen, Metallen und Mauerwerk verwendet. Er haftet ohne Voranstrich auch auf feuchten Flächen und bitumenhaltigen Baumaterialien, auf denen **Silikonkautschuk** nicht haftet.

1–2 Silikondichtstoffe kommen vor allem zum Schließen und Abdichten von Anschlußfugen zwischen Bauwerk und Einbauten (z.B. Fenster, Türen) zum Einsatz.

Reines Silikon besitzt eine bis zu 25-prozentige Dauerdehnfähigkeit, schrumpft nicht und haftet sicher auf den meisten Werkstoffen. Seine hervorragende Eignung zum dauerhaften Abdichten spritzwasserbelasteter Fugen macht Silikon zum unentbehrlichen Dichtstoff vor allem im Sanitärbereich.

Profitip
Bei einer Verarbeitung auf stark saugfähigen Werkstoffen (z.B. Putz, Holz) sollten Sie zuerst mit einem Haftvermittler grundieren.

3 Acrylatdichtstoffe schließen Risse in Wänden und Fassaden sowie Anschlußfugen unterschiedlicher Bauteile und Einbauten. Sie sind dauerhaft plasto-elastisch und anstrichverträglich. Sie werden als preiswerte Alternative zu den hochwertigeren Silikondichtstoffen dort eingesetzt, wo stärkere Dehnungsbewegungen oder häufige Spritzwasserbelastung nicht zu erwarten sind. Für Acrylat- wie für Silikondichtstoffe gilt, daß Fugenbreiten von mehr als 10 mm problematisch sind (Verarbeitungsrichtlinien beachten).

1

2

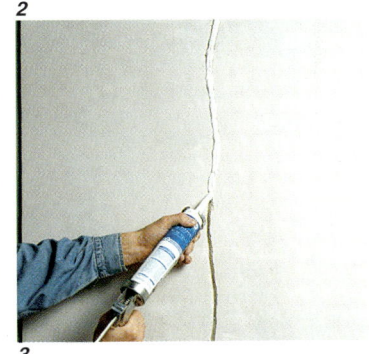

3

Verputzmörtel, Sperrputz und Dichtungsschlämme

Vor allen Sanierungsmaßnahmen am Verputz von Bauwerken steht eine Beseitigung der Durchfeuchtungsursachen. Hierzu zählt der Einbau wirksamer Horizontal- und Vertikalabdichtungen, durch die das Wasser am Eindringen und Aufsteigen im Mauerwerk gehindert wird, ebenso, wie bei anfallendem Grund- und Schichtenwasser erforderliche Dränagemaßnahmen oder die Herstellung einer funktionierenden **Dachentwässerung**. Erst wenn sichergestellt ist, daß das Mauerwerk austrocknen kann, ohne daß von unten oder von oben ständig zusätzliche Feuchtigkeit nachdrängt, kann mit Sanierungsmaßnahmen am Verputz begonnen werden.

Der **Neuverputz** feuchtigkeitsgeschädigter und versalzener Mauern ist immer eine besonders schwierige Aufgabe. Vor allem kommt es dabei auf geeignete **Mörtelmischungen** an. Am sinnvollsten hat sich die Verwendung von fertig gemischten **Werktrockenmörteln** erwiesen, die auf der Baustelle nur noch mit Wasser angerührt werden müssen. Von diesen Mörteln darf jedoch nicht das Wunder einer »Trockenlegung« erwartet werden, wenn die oben genannten Vorarbeiten und Bedingungen nicht erfüllt sind.

Sanierputze als Werktrockenmörtel werden oberhalb der Geländeoberkante für den Verputz von feuchtem und salzgeschädigtem Mauerwerk verwendet. Für die unterschiedlichen baulichen Anforderungen sind verschiedene Mörtelmischungen, zementfreie Trockenmörtel auf Kalkbasis (Traßkalk, Romankalk) sowie auf Kalkzement- oder auf Zementbasis im Handel. Sie sind für eine optimale Verdunstung von Mauerfeuchtigkeit in hohem Grade wasserdampfdurchlässig eingestellt und durch Beigabe von Leichtzuschlägen so zusammengesetzt, daß bei fachgerechter Mischung ein großer Anteil an Luftporen entsteht. Für den Aufbau der **Luftporen** beim Mischen auf der Baustelle sind in der Regel spezielle Mischer und Mischpumpenmaschinen erforderlich.

Sperrputze werden vorwiegend für die Vertikalabdichtung unterhalb der Geländeoberkante verwendet. Sie bestehen in der Regel aus dem Bindemittel Zement und speziell geeigneten Zuschlagstoffen, werden fertig gemischt als Werktrockenmörtel geliefert und auf der Baustelle mit dem Mörtelquirl oder im Mischer mit Wasser angemacht. Der Auftrag erfolgt in zwei Arbeitsgängen, als Spritzbewurf und in einer gefilzten und geglätteten Oberlage. Im erdberührten Außenbaubereich werden Sperrputze zusätzlich mit wasserundurchlässigen Anstrichen (Bitumenanstriche oder Bitumendickbeschichtungen) abgedichtet.

Dichtungsschlämme wird für Bauwerksabdichtungen im Innen- und Außenbereich gegen Druckwasser verwendet. Auch hier handelt es sich um zementgebundene Werktrockenmörtel, die jedoch durch **Kunstharzzusätze** besonders wasserdicht ausgestattet sind. Das Anrühren mit einer genau bemessenen Wassermenge erfolgt mit dem Motorquirl auf der Baustelle.

Profitip
Dichtungsschlämme tragen Sie am besten in mehreren Schichten mit der Deckenbürste auf.

Reparatur- und Montiermörtel

Bei den Einsatzbereichen soge-nannter Reparatur- und Montier-mörtel kommt es nicht auf eine spezielle Eignung für versalzene und feuchtegeschädigte Mauer-werke an, sondern auf gute Standfestigkeit, schnelle Härtung, hohe Festigkeit sowie auf Witte-rungs- und Frostbeständigkeit.

Diese Eigenschaften erfüllt im Grunde genommen jeder vor Ort gemischte **Zementmörtel** (1 Teil Zement auf 3 Teile Sand). Mei-stens werden bei Reparaturen je-doch nur kleine Mengen Mörtel benötigt, so daß eine Bevorra-tung oder Beschaffung von Sand und Zement zu aufwendig wäre. Einfacher ist also die Verwen-dung von fertig gemischten Trockenmörteln, die in Baumärk-ten in hervorragender Qualität und in leicht zu transportierenden Gebinden angeboten werden.

1 Universalmörtel eignen sich für alle erdenklichen Reparaturen innen, außen und selbst unter Wasser, für die früher mehrere Spezialmörtel erforderlich waren. Sie lassen sich auf nahezu allen üblichen Untergründen (außer auf Gips und Kalkputz) in dünner Schicht aufziehen und sind gleichzeitig bei einem Auftrag in dicker Schicht außergewöhnlich standfest und rißfrei. Universal-mörtel haben eine ausreichend lange Verarbeitungszeit (30–45 Minuten) und härten in wenigen Stunden so weit, daß sie belastet werden können.

2 Schnellzement eignet sich für alle Montage- und Installations-beiten, bei denen es auf beson-ders schnelles Abbinden und schnelle Belastbarkeit ankommt. Einschließlich des Anmischens beträgt die Verarbeitungszeit le-diglich 3–4 Minuten; bereits nach 5 Minuten ist der Mörtel erstarrt.

3 Dachdeckermörtel sind Spe-zialmörtel mit hohem Klebe- und Haftvermögen und großer Elasti-zität zum Verlegen von **First-, Grat-** und **Traufziegeln**. Wo frü-her gemischtem Dachdecker-mörtel Kälberhaare beigegeben wurden, enthalten moderne, fer-tig gemischte Dachdeckermörtel witterungsbeständige Kunstfa-sern (asbestfrei), die die Zugfe-stigkeit und das Zusammenhalte-vermögen des ausgehärteten Mörtels erhöhen und für eine be-sonders hohe Standfestigkeit im Frischzustand sorgen.

1

2

3

Imprägnierungen und Anstriche

Viele Feuchtigkeitsschäden an Hausfassaden sind auf das ungehinderte Eindringen von Regenwasser und Oberflächenwasser im Bereich poröser Oberflächen zurückzuführen. Durch Schlagregen kommt es zu Auswaschungen, durch Spritzwasser zur Einlagerung von gelösten **Tausalzen**, beim Frost-Tauwechsel kommt es bei durchfeuchteten Baustoffen zur Zerstörung der Porenstruktur, zur Bildung von Mikrorissen und schließlich zu großflächigen Frostabsprengungen.

1 Viele der genannten Feuchtigkeitsschäden lassen sich durch das Aufbringen von wasserabweisenden Imprägnierungen verringern, die tief in den Fassadenbaustoff eindringen und ein **Abperlen** des Wassers an seiner Oberfläche bewirken. Die verwendeten Mittel enthalten in der Regel in organischen Lösemitteln gelöste Silikone oder Silikonharze. Erst neueste Entwicklungen führten zu hochwirksamen, wasserlöslichen Silikon-Mikroemulsionen, bei denen die für Gesundheit und Umwelt schädlichen organischen Lösemittel vollständig wegfallen.

2 Wie für Imprägnierungen, so gilt auch für Anstriche, daß sie lösemittelfrei sein sollten. Entscheidend bei der Auswahl von Fassadenanstrichen sollte jedoch eine möglichst geringe Wasseraufnahmefähigkeit bei gleichzeitiger, möglichst hoher Wasserdampfdurchlässigkeit sein. Traditionelle mineralische Anstriche aus Kalk und Zementfarben sind in höchstem Maße wasserdampfdurchlässig, bedürfen jedoch einer zusätzlichen wasserabweisenden Imprägnierung (Hydrophobierung). Moderne **Fassadenfarben** (Silikonharzfarben, Zweikomponenten-Silikatfarben, Dispersionssilikatfarben, Kunstharz-Latex-Dispersionsfarben) erfüllen die Ansprüche in aller Regel.

3 Bei einigen Anwendungsbereichen (Fassadensockel, Faserzementdächer, Garagenböden) sind besonders widerstandsfähige, abrieb- und wetterfeste Anstriche gefordert. Hierfür eignen sich lösemittelfreie Acrylversiegelungen, die sogar auf befahrenen oder auf verformbaren Untergründen (z.B. Holzspanplatten) eingesetzt werden können.

Fliesenkleber und Fugenmörtel

Keramische Fliesen und Platten werden meistens dort eingesetzt, wo besonders starke mechanische Belastungen (Eingangsbereiche, Treppen, Fassaden) oder eine Beanspruchung durch Wasser (Duschecken, Bäder, Küchen) zu erwarten sind. Beim Verfliesen kommt es daher auf den Einsatz leistungsfähiger Klebstoffe und Fugenmörtel an, die in ihrer Klebkraft, Wasserundurchlässigkeit und Frosttauglichkeit den auftretenden Belastungen gewachsen sind.

1 Für das Verfliesen im **Dünnbettverfahren** findet man in Baumärkten und im Fachhandel unterschiedliche **Pulverklebstoffe** mit hoher Klebkraft, die auf der Baustelle nur noch mit Wasser angemischt werden.

Dabei kann zunächst zwischen preiswerten **Klebstoffen** für normale, nicht Wasser und Frost ausgesetzten Untergründe und frostsicheren, wasserdichten Klebstoffen unterschieden werden. Für besonders anspruchsvolle Klebarbeiten, z.B. das Kleben von Fliesen auf arbeitenden Untergründen (Gipsbau-, Gipskarton-, Holzspanplatten) im

Naßbereich oder das Verfliesen von Heizestrichen oder Heizkörperverkleidungen, stehen flexible, hochgradig wärmebeständige Bauklebstoffe zur Verfügung. Besonders klebstarke **Dispersionsklebstoffe** mit langer offener Zeit werden auf schwierigen Untergründen, z. B. beim Kleben von neuen Fliesen auf alte Fliesenbeläge, eingesetzt. Schließlich gibt es für Einsatzbereiche, in denen größte Beständigkeit gegen Chemikalien (z.B. verdünnte Säuren, Laugen, Fette, Öle, Heiz- und Dieselöl) gefordert ist, sogenannte **Reaktionsharzklebstoffe**, die unmittelbar vor dem Kleben aus zwei Komponenten (Harz und Härter) angemischt werden.

2–3 Für das Verfugen von Fliesenbelägen stehen wasser- und frostfeste **Fugenmörtel** in Pulverform zur Verfügung, die in allen gängigen Sanitärfarben erhältlich sind. Zum Schließen von breiten Fugen, z.B. bei **Riemchenverblendungen** an Hausfassaden oder zum Verfugen von Glasbausteinen, verwendet man Spezial-Fugenmörtel, die auch bei einer Fugenbreite von bis zu 20 mm nicht reißen.

1

2

3

Dampfbremsende Folien und Dichtungsbänder

1

2

Besondere Bedeutung beim vorbeugenden Feuchteschutz kommt der Vermeidung von **Tauwasserschäden** zu. Hierzu muß man wissen, daß in der Raumluft enthaltener Wasserdampf auch durch geschlossene Werkstoffschichten wie Mauerwerk, Gipskartonplatten oder Dämmstoffe in den Wandaufbau eindringt (Wasserdampfdiffusion). An undichten Anschlußfugen (bei Dämmstoffen) kommt es zusätzlich zu einem Einfließen von wasserdampfhaltiger Raumluft (Raumluftkonvektion) in den Wandaufbau. Kommt es innerhalb des Wandaufbaus zum Unterschreiten des **Taupunkts**, so schlägt sich der eingedrungene Wasserdampf in Tröpfchenform nieder. Durch die anhaltende Durchfeuchtung der Baustoffe kommt es auf Dauer zu erheblichen Feuchtigkeitsschäden. Gegen das Einströmen von Raumluft (Raumluftkonvektion) an offenen Anschlußfugen hilft schon das lückenlose und luftdichte Verschließen aller Fugen und Anschlüsse. Die Wasserdampfdiffusion kann jedoch nur durch das raumseitige, flächendeckende Anbringen einer dampfbremsenden Spezialfolie verhindert

werden. War man früher beim Einbau von Dampfbremsen auf ein unübersichtliches Angebot von unterschiedlichen Kunststofffolien angewiesen, so findet man heute in Baumärkten und im Fachhandel eigens für diesen Zweck entwickelte Produktpakete. Hierzu gehören in erster Linie schwerentflammbare Dampfbremsfolien mit güteüberwachtem, unterschiedlich hohem Diffusionswiderstand. Hierbei gilt: Je größer der angegebene s_d-Wert, um so größer ist der Widerstand der Folie gegenüber Wasserdampfdurchgang.

1–2 Dampfbremsfolien werden als Rollenware in unterschiedlichen Breiten und Längen geliefert. Für eine winddichte Befestigung der Folien an der Unterkonstruktion (z.B. raumseitig an Dachsparren) stehen Ihnen spezielle Doppelklebebänder zur Verfügung. Für die Herstellung von winddichten Anschlußfugen zwischen Folie und Bauteilen verwenden Sie imprägnierte, einseitig selbstklebende Dichtungsbänder, die als Rollenware geliefert werden und ihr Volumen in der Anschlußfuge auf das Fünffache vergrößern.

Holzschutz- und Wetterschutzmittel

Holzschutzmittel enthalten Wirkstoffe, die einem Befall durch holzzerstörende Insekten und Pilze vorbeugen. Sie kommen in Form von lösemittelhaltigen Holzschutzmitteln und **Holzschutzgrundierungen** oder in Form von **Holzschutzsalzen** auf den Markt.

Wetterschutzmittel (Wetterschutzfarben und -lasuren) enthalten keine gegen Fäulnis- oder Insektenbefall wirksamen Inhaltsstoffe. Sie wirken jedoch wasserabweisend und halten durch Pigmente die UV-Strahlung der Sonne ab.

Holzveredelungen sollen die Holzoberfläche vor Schmutz, Staub und Flecken schützen. Sie werden als Wachse, Beizen, Öle und Lacke angeboten.

Prüfen Sie bei jedem Einkauf anhand der Gebindeaufschrift, um welche Art von Mittel es sich handelt.

1 Eine gewisse Gewähr für weitgehend ungiftige, umweltverträgliche Mittel bietet die Verleihung des Umweltzeichens »Blauer Engel«. Die mit ihm ausgezeichneten Mittel sind amtlich als schadstoffarm bewertet, sie enthalten keine wirksamen Zusätze gegen Holzschädlinge und einen Lösemittelgehalt unter 10 %.

2 Das Gütezeichen **RAL** wird für vorbeugende und für bekämpfende, hochwirksame Mittel beim Schutz von nicht tragenden Hölzern vergeben. Es bestätigt die nachgewiesene Wirksamkeit des Mittels gegen Holzschädlinge.

3 Vorbeugende Holzschutzmittel für tragende Hölzer sind mit diesem amtlichen Zeichen gekennzeichnet. Wie das Gütezeichen RAL bestätigt es eine gesundheitliche Unbedenklichkeit nur bei bestimmungsgemäßer Anwendung.

Ökotip
Häufg tragen Holzschutzmittel Namen, die den Verbraucher annehmen lassen sollen, es handle sich um ein ökologisch einwandfreies Produkt. Darauf sollten Sie sich jedoch nie verlassen. Überprüfen Sie stets die Gebindeaufschrift. Nur so können Sie sich über die tatsächliche Umweltverträglichkeit informieren.

1

2

3

Dränagerohre und Sickerfilze

1

2

3

Eine der häufigsten Ursachen für Feuchtigkeitsschäden am Mauerwerk ist an Fundament und erdberührten Kellermauern andrängendes Wasser. Auch funktionierende Horizontal- und Vertikalabdichtungen des erdberührten Mauerwerks bedürfen eines sicheren Schutzes vor ständiger und intensiver Befeuchtung. Hier ist eine fachgerechte **Baugrundentwässerung** nach DIN 4095 (Dränen zum Schutz baulicher Anlagen) die wirkungsvollste und auf lange Sicht sicherste Lösung. Für die unterschiedlichen baulichen Voraussetzungen stehen praxisgerechte, moderne **Dränagesysteme** aus PVC-Werkstoffen bereit. Sie bestehen aus flexiblen **Dränageleitungen** oder geraden **Dränagerohren**, aus einem breiten Sortiment dazu passender Formteile und Anschlüsse sowie aus **Dränplatten** oder **Sickerfilzen**, die für eine sichere Ableitung anfallenden Wassers an die Dränrohre und als Schutz gegen Einschlämmen sorgen.

Baugrundentwässerung muß sinnvoll geplant werden. Zeichnen Sie vor dem Einkauf der Dränrohre eine vermaßte Skizze Ihres Entwässerungsvorhabens und tragen Sie in diese Skizze die erforderlichen Rohrlängen und Anschlußstücke ein.

1 Flexible Dränrohre werden als Rollenware (Bund) in unterschiedlichen Längen, Durchmessern (80, 100, 125, 160, 200 mm) und Schlitzbreiten geliefert.

2 Dränrohre als Stangenware (6 m) haben für eine besonders gute Dränleistung einen tunnelähnlichen Querschnitt mit flacher Sohle.

3 Während Dränrohre ohne werkseitig aufgebrachten Filter (siehe 1 und 2) auf unproblematischen Böden grundsätzlich in einer Schicht von Dränkies verlegt und mit Filtervlies geschützt werden, stehen für bestimmte Bodenarten spezielle Dränrohe zur Verfügung. Dränrohre mit sogenannter **Geotextil-Ummantelung** werden auf stark sandigen Böden eingesetzt.

4 Dränrohre mit Kokosfaser-Ummantelung werden bei bindigen Mischböden eingesetzt.

5 Dränmatten sorgen an den isolierten Fundament- und Kellermauern für einen optimalen Was-

4

5

6

7

9

8

10

serabfluß. Sie sind zum Schutz vor dem Zusetzen mit Filtervlies bekleidet und leiten die anfallende Feuchtigkeit gezielt zu den Dränrohren hin.

6 Filterfliese schützen Dränmatten und Dränschichten vor dem Zusetzen mit Boden.

Unter den vielen verschiedenen Formteilen seien hier die wichtigsten genannt:

7 Mit der Doppelsteckmuffe werden zwei Rohrstücke paßgenau miteinander verbunden.

8 T-Stücke dienen dem Verbinden von drei Rohrstücken.

9 Bei starren Rohren (Stangenware) müssen Ecken mit Winkelstücken oder Rohrbögen ausgeführt werden. Dies kann auch bei flexiblen Rohren (Rollenware) aufgrund der baulichen Gegebenheit erforderlich sein. Rohrbögen sind für verschiedene Einbauwinkel (30, 45, 90 Grad) im Handel.

10 Passende Übergangsstücke dienen der Verbindung zwischen tunnelartigen Dränrohren und kreisförmigen Anschluß- und Abwasserrohren. Zusätzlich vermittelt ein breites Sortiment von Reduktionsstücken den Übergang von Dränrohren auf Anschlußrohre mit geringerem Durchmesser.

11 Ein besonders wichtiger Bestandteil von Dränagesystemen sind sogenannte **Spül-** und **Kontrollschächte**. Sie bestehen aus einem unterseitig geschlossenen Schachtstück mit Steckmuffe und drei rechtwinklig abgehenden Anschlußmöglichkeiten für Dränrohre. Die Steckmuffe dient der Verlängerung mit einem Kanalrohr gleichen Durchmessers bis zur Unterkante des Mutterbodens. Dieses Rohr wird mit einem Rohrstopfen verschlossen. Spül- und Kontrollschächte werden an Gebäudeecken als Eckschächte angeschlossen. Nach dem Öffnen der Abdeckung kann der Zustand der Dränrohre überprüft werden.

12 Schließlich gibt es die für den jeweiligen Dränrohrdurchmesser passenden **Verschlußkappen** für Endrohre. Für die Ausmündung an **Vorfluter** (Bach oder Regenwasserkanal) stehen Ausmündungsrohre mit **Froschklappe** zur Verfügung.

11

12

Dachrinnen und Regenfallrohre

Ein beträchtlicher Teil der Feuchtigkeitsschäden an Wohnbauten und Nebengebäuden (Schuppen, Garagen, Gartenhäuser) wird durch fehlende oder nicht funktionierende Dachentwässerungen verursacht. Eine funktionierende Dachentwässerung hält Niederschlagswasser sicher von Mauern und Fundament fern und verhindert dadurch Feuchtigkeitsschäden bereits an der Dachtraufe. Ein Dachentwässerungssystem setzt sich aus einem Sortiment aufeinander abgestimmter Einzelteile zusammen, wozu nicht nur die Rinnen selbst, sondern auch alle dazu passenden Halterungen, **Traufstreifen** und **Fallrohre** sowie wichtiges Zubehör wie **Rohrschellen, Laubfangkörbe** oder **Regenwasserklappen** gehören.

1 Die Abbildung zeigt schematisch die einzelnen Teile einer kompletten Dachentwässerung. Die Bezeichnungen stehen für: 1 Dachrinne, 2 Verbindungsklammer, 3 Außenwinkel, 4 Innenwinkel, 5 Rinnenstutzen, 6 Rinnenkappe, 7 Regenfallrohr, 8 Rohrbogen, 9 Rohrschelle, 10 Rinnenhalter, 11 Regenwasserklappe, 12 Traufstreifen, 13 Laubfangkorb.

Dachrinnen und Fallrohre aus Kunststoff sind langlebig, wartungsfreundlich und abwasserneutral. Der wichtigste Vorteil für den Heimwerker ist, daß sie sich ohne aufwendiges Werkzeug und vor allem ohne Verlöten leicht und schnell fachgerecht montieren lassen. PVC-Dachentwässerungssysteme werden als Halbrunddachrinnen und als Kastendachrinnen angeboten. Im allgemeinen verwendet man Kastendachrinnen für die Entwässerung kleinerer Dachflächen von Nebengebäuden sowie für die Entwässerung von Vordächern und Balkonen. Bevor Sie Ihre Dachrinne und die dazu gehörenden Teile einkaufen, sollten Sie berechnen, welchen Durchmesser Dachrinne und Regenfallrohr für eine sichere Dachentwässerung haben müssen. Hierbei gehen Sie von der je Einlauf anzuschließenden Dachgrundfläche, d. h. der vom Dach überdeckten Fläche, aus. Vor dem Einkauf aller benötigten Teile zeichnen Sie am besten eine Skizze Ihrer geplanten Dachentwässerung. Gehen Sie hierbei vom Umriß der vorher abgemessenen Traufkanten des Dachs aus. Erstellen Sie dann eine ge-

naue Einkaufsliste, in die Sie Anzahl und Abmessungen der einzelnen benötigten Teile eintragen. Hierbei müssen Sie folgendes berücksichtigen: PVC-Dachrinnen werden in Längen von 1 m, 2 m, 3 m und 4 m geliefert und erst auf der Baustelle mit einer feingezahnten Säge passend zugeschnitten. Durch eine geschickte Berechnung können Sie unnötigen **Verschnitt** vermeiden und somit gleichzeitig Kosten sparen. Für jede Verbindung zwischen den einzelnen Rinnenlängen benötigen Sie eine **Verbindungsklammer**. Für die sichere Befestigung der Rinnen rechnen Sie auf je 70 cm Lauflänge mindestens einen Rinnenhalter. Da die Rinnenhalter an den Dachsparren vernagelt werden, richten Sie sich für die genaue Anzahl nach den Mittelabständen der Sparren. Die Gesamtlänge der Traufstreifen entspricht der Gesamtlänge der Regenrinne. Notieren Sie weiter die benötigten Innen- und Außenwinkel, Einlaufstutzen, Rohrbögen und Fallrohre sowie die zu deren Befestigung erforderlichen Rohrschellen (mindestens eine auf je 2,5 m). Möglicherweise brauchen Sie auch passende Abwasserrohrstücke und Rohrwinkel, um die Fallrohre an die bestehende Kanalisation anzuschließen. Vergessen Sie nicht die Kleinteile wie die Rinnenkappen für die Endstücke, Laubfangkörbe sowie benötigte Einlegedichtungen und verzinkte Nägel für die Befestigung der Rinnenhalter. Mit dieser Einkaufsliste kann eigentlich nichts mehr schiefgehen, denn sie erspart Ihnen sicher unnötige Einkaufswege für vergessene oder falsch eingekaufte Teile. Wenn Sie nicht gleich nach dem Einkauf mit der Montage der Dachrinne beginnen, so müssen die Einzelteile, vor allem die Rinnen und Rohre, auf ebener Fläche gelagert werden, um Verformungen und Durchbiegen zu vermeiden.

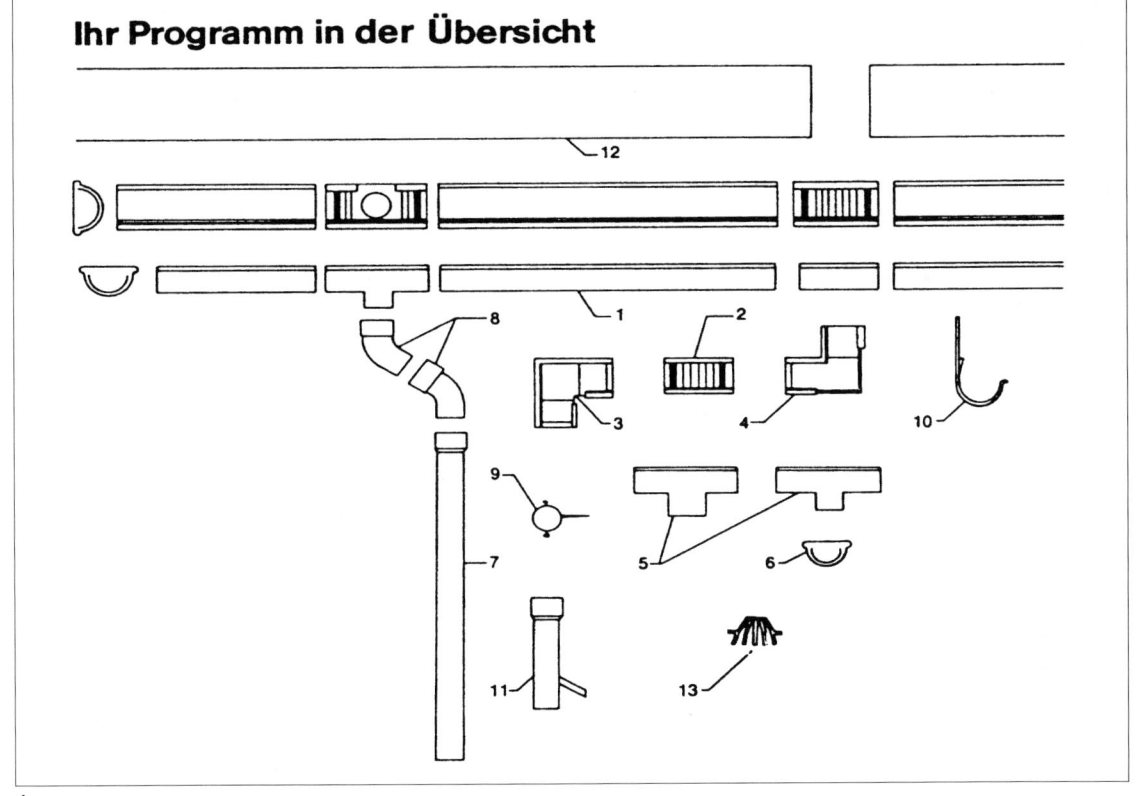

Ihr Programm in der Übersicht

1

Injektionsmittel für das Bohrloch-Injektionsverfahren

Im Fundamentbereich und an den erdberührten Kellermauern drängt von unten und von den Seiten Grundwasser, Schichtenwasser und Sickerwasser an, das bei fehlender Horizontal- und Vertikalabdichtung in den Mauern bis weit über das Bodenniveau aufsteigt. Die Sanierung feuchten Mauerwerks kann sinnvollerweise aber erst erfolgen, wenn die Ursachen der Durchfeuchtung durch entsprechende bauliche Maßnahmen beseitigt sind. Hierzu gehören eine fachgerechte Baugrundentwässerung, der Einbau einer funktionierenden Vertikalabdichtung und selbstverständlich eine horizontale Abdichtung gegen aufsteigende Feuchtigkeit. Ein modernes, sehr kostspieliges Verfahren besteht im Einrammen von Edelstahlblechen in durchgehende Mörtelfugen. Wesentlichste Voraussetzung ist hierfür allerdings ein regelmäßiger Mauerverband, der bei Altbauten meist nicht vorhanden ist. Der größte Nachteil dieses aufwendigen Verfahrens besteht in den enorm hohen mechanischen Einwirkungen, die nicht selten zu ausgedehnten Mauerrissen führen. Auch die übliche, preiswertere Belüftung des Mau-erquerschnitts durch Einbohren tiefgehender Löcher führt nur selten zu einer befriedigenden Trockenlegung des Mauerwerks. Erst in den letzten Jahren ist für die nachträgliche Horizontalabdichtung das Bohrloch-Injektionsverfahren entwickelt worden, das auf der kapillarsperrenden Wirkung flüssig in den Mauerquerschnitt injizierter wasserabweisender Mittel (Hydrophobierungsmittel) beruht. Bei diesem Verfahren können je nach Wirkstoffgehalt und nach verwendeten Lösemitteln drei Produktgruppen unterschieden werden.

Silikonate und Silikonat/Wasserglasmischungen

Wasserverdünnte Silikonate und Silikonat/Wasserglasmischungen sind kostengünstig, geruchsneutral und nicht feuergefährlich. Sie haben jedoch den Nachteil, daß sie zum einen stark ätzend sind und zum anderen als Nebenprodukt ein ausblühfähiges, wasserspeicherndes Salz (Alkalicarbonat) bilden, das die ohnehin versalzenen Baustoffe zusätzlich belastet. Zur Entfaltung der Wirksamkeit dieser Produkte sollte der Wassersättigungsgrad der Baustoffe nicht über 50% liegen. Dieser Wert wird jedoch in durchfeuchtetem Mauerwerk häufig überschritten.

Silikone/Silane und Stearate

In organischen Lösemitteln (meist Kohlenwasserstoffgemische) gelöste Kunstharze (Silikone/Silane und Stearate) können aufgrund ihres Lösemittelgehalts auch in stärker durchfeuchtetes Mauerwerk eingebracht werden.

Ökotip

Gelten die Wirkstoffe selbst als weitgehend gesundheitlich unbedenklich, so ist bei den organischen Lösemitteln in den meisten Fällen Vorsicht geboten. Sie sind gesundheitsschädlich, feuergefährlich und bewirken eine langanhaltende Geruchsbelästigung.

Es sind jedoch auch gesundheitlich weitgehend unbedenkliche Produkte im Handel, bei denen dem Lösemittel durch spezielle Verfahren die besonders schädlichen Kohlenwasserstoffe der Aromatengruppe (Toluol, Benzol, Xylol u.a.) entzogen wurden. Auch bei diesen Mitteln müssen jedoch die bei lösemittelhaltigen Produkten geltenden Vorsichtsmaßnahmen (vgl. die Sicherheitstips auf S. 21) unbedingt eingehalten werden.

Silikon-Mikroemulsions-Konzentrate

Als fortschrittlichste Entwicklung gelten Silikon-Mikroemulsionen, bei denen die bisher in organischen Lösemitteln gelösten Wirkstoffe durch ein neues technisches Verfahren so zubereitet sind, daß sie sich mit Wasser vermischen lassen. Bei der Verdünnung der als Konzentrat gelieferten Produkte mit Wasser entsteht spontan, d.h. ohne technische Hilfsmittel, eine Emulsion feinster Teilchen, die auch in die dünnsten Kapillaren eindringen. Erst dort reagieren sie unter der Einwirkung des Wassers zu einem hoch wasserabweisenden Wirkstoff (Polysiloxan). So haben sie den Vorteil, daß sie sich gerade in feuchten Baustoffen besonders gut verteilen. Silikon-Mikroemulsions-Konzentrate werden erst auf der Baustelle mit Wasser verdünnt und noch am Tag der Zubereitung verarbeitet.

Sie eignen sich sowohl für eine nachträgliche Horizontalabdichtung mit dem Bohrloch-Injektionsverfahren als auch für eine vorangehende Grundierung oder nachfolgende Imprägnierung von Fassadenanstrichen.

Durchtränkung des Mauerwerkes mit der Injektionsflüssigkeit ohne Druck.

Aufsteigende Feuchtigkeit

Die wichtigsten Werkzeuge

Auf diesen beiden Seiten finden Sie eine Liste mit Kurzbeschreibungen der wichtigsten Werkzeuge, die Sie für die in diesem Buch besprochenen Arbeiten benötigen. Welche Werkzeuge Sie für einzelne Arbeitsgänge und -anleitungen brauchen, ersehen Sie aus den Abbildungen unter der Rubrik Werkzeuge, die Sie bei den jeweiligen Arbeitsanleitungen finden.

Werkzeuge zum Messen

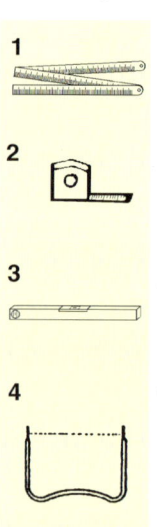

1 Zollstock: Den Zollstock benötigen Sie, um den zur Verfügung stehenden Raum, die Höhe von Aufbauten usw. zu vermessen.

2 Rollbandmaß: Zum Messen großer Abstände (z.B. von Fassadenbreiten und -höhen) ist das Rollbandmaß besser geeignet als ein Zollstock.

3 Wasserwaage: Zum waagerechten und senkrechten Einmessen von Lattungen, Fensterbänken, Putzflächen, Fliesenbelägen usw.

4 Schlauchwaage: Zum Nivellieren und Einmessen von Höhen über größere Entfernungen. Eine Schlauchwaage (durchsichtiger, mit Wasser gefüllter Schlauch) ist besonders nützlich zum Bestimmen des Gefälles von Rohren und Dachrinnen.

Werkzeuge zum Verputzen

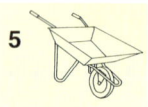

5 Schubkarre: Zum leichteren Transportieren aller möglichen Materialien, jedoch besonders von Mörtel, Sand, Kies und Steinen.

6 Mörtelkübel: Zum Anmischen von Verputz- und Mauermörtel.

7 Eimer: Zum Transportieren von Mörtel, Anstrichen, Wasser; am besten mit Skala, um Flüssigkeiten genau abmessen zu können.

8 Korbrührer: Wird zum Mischen kleinerer Mörtelmengen, zum Anrühren von Kleber und zum Durchmischen von Anstrichmitteln in die Bohrmaschine eingespannt.

9 Putzhaken: Zum Befestigen von Putzlatten.

10 Reibebrett: Zum Verreiben und Verdichten von Verputz und Estrich.

11 Schaufel: Zum Anmischen größerer Mörtelmengen im Mörtelkübel.

12 Traufel: Wird zum Mischen kleiner Mörtelmengen und zum Auftragen von Mörtel und Dickbeschichtungen benötigt.

13 Stahlglätter: Zum Glätten von Verputz und Estrich sowie zum Aufziehen von Dickbeschichtungen.

14 Abziehlatte: Verputz und Estrich werden mit der Abziehlatte planeben abgezogen.

Werkzeuge zum Fliesenlegen und Verfugen

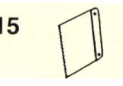

15 Zahnspachtel: Damit wird der Fliesenkleber aufgetragen. Un-

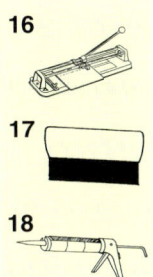

terschiedliche Zahnungen je nach verwendetem Kleber und verwendeten Fliesen.

16 Fliesenschneider: Zum Schneiden von Fliesen.

17 Fuggummi: Hiermit wird der Fugenmörtel in die Fugen eingebracht.

18 Auspreßpistole: Unerläßliches Werkzeug zum Auspressen von Dichtstoffen aus Kartuschen.

Werkzeuge zum Anstreichen

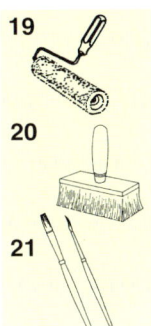

19 Lammfellrolle: Zum Auftragen von Anstrichen und Versiegelungen; muß natürlich nicht aus echtem Lammfell sein.

20 Quast: Zum Auftragen von Imprägnierungen, Anstrichen, Versiegelungen und Dichtungsschlämme.

21 Pinsel: Für alle Ränder und Ecken beim Auftragen von Anstrichen, Versiegelungen und Imprägnierungen.

Werkzeuge zum Befestigen

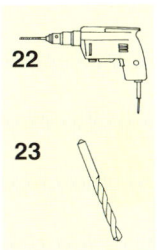

22 Bohrmaschine: Nicht nur zum Bohren, sondern auch zum Mörtel- und Klebermischen mit eingespanntem Korbrührer.

23 Steinbohrer: Dieser Bohrer besitzt eine Hartmetallspitze, die beim Schlagbohrer wie ein Meißel wirkt und das Material zertrümmert. Vorzugsweise bei Be-

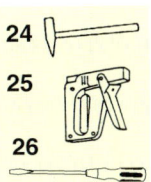

ton und hartgebrannten Ziegeln einzusetzen.

24 Hammer: Universalwerkzeug.

25 Tacker: Sehr nützlich zum Befestigen von Folien.

26 Schraubenzieher: Universalwerkzeug.

Werkzeuge zum Schneiden

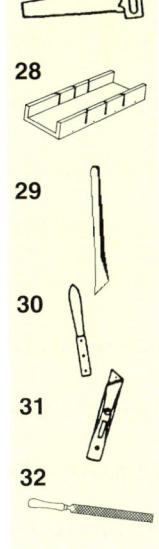

27 Fuchsschwanz: Zum Ablängen von Latten, Kanthölzern, PVC-Rohren und PVC-Dachrinnen; zum Schneiden von Dämmstoffen.

28 Gehrungslade: Sehr nützlich beim winkelgenauen Ablängen von Latten, Rohren und Dachrinnen.

29 Meißel: Für alle groben Stemmarbeiten an Verputz und Mauerwerk.

30 Messer: Messer mit längerer und scharfer Klinge werden zum Schneiden von Mineralfaserplatten benötigt.

31 Teppichbodenmesser: Zum Schneiden von Folien.

32 Feile: Wird zum Entgraten der Schnittkante von abgelängten Dachrinnen und Abwasserrohren benötigt.

Werkzeuge zum Reinigen

33 Besen
34 Staubsauger

Professionelle Putzsanierung

Vorspritzen

Auftrag mit der Mörtelpumpe

In erdberührtes Mauerwerk eindringendes Wasser steigt durch die **Kapillarwirkung** des Baumaterials in höhere Mauerzonen auf, in denen bei der Verdunstung langfristig erhebliche Salzmengen angelagert werden. Durch die Volumenvergrößerung beim Auskristallisieren der vorher im Wasser gelösten Salze und durch Frostabsprengungen kommt es zu einer Zerstörung von Anstrichen und Verputz. Dabei wird die bereits vorhandene Durchfeuchtung durch die Wasseraufnahmefähigkeit der auskristallisierten Salze noch verstärkt. Die Wasseraufnahme erfolgt nun zusätzlich aus der Luft (hygroskopische Feuchte), wobei die Verdunstungszone, die Durchfeuchtung und somit auch die Salzverseuchung immer höher hinaus verlagert werden. Häufig steigen durch das Aufbringen von wassersperrenden Zementputzen oder Keramikverblendungen Feuchtigkeit und bauschädliche Salze über die Sperrschicht hinaus. Beim Einsatz von stark saugfähigen **Kalkputzen** in der Sockelzone ist zwar eine höhere Verdunstung gewährleistet, dafür ist die Gefahr von Frostabsprengungen aber auch besonders

groß. Bevor Sie mit der Putzsanierung auf feuchtem und salzhaltigem Mauerwerk beginnen können, müssen präzise Ursachen- und Schadensanalysen von einem in der Sanierung feuchten Mauerwerks erfahrenem Fachmann durchgeführt werden. Erst dann kann festgelegt werden, welches Sanierputzsystem Erfolg verspricht. Als erste Maßnahme muß der versalzene Putz restlos bis auf das tragfähige Steinmaterial und bis in eine die Verseuchungsfläche um etwa 1 m übersteigende Höhe (Sicherheitszuschlag) entfernt werden. Dabei ist auch ein sorgfältiges, möglichst tiefreichendes Auskratzen der Mörtelfugen notwendig. Der abgeschlagene Verputz sollte so bald wie möglich von der Baustelle abgefahren werden, damit die darin enthaltenen Salze nicht mit dem Regenwasser wieder in den Baugrund zurücktransportiert werden.

Bei vielen Sanierputzsystemen wird anschließend eine **Salzbehandlung** des Mauerwerks mit Spezialmitteln durchgeführt. Dieses Verfahren ist insofern problematisch, als es sich bei den eingesetzten Mitteln um hochgiftige, blei- oder bariumhaltige Verbindungen handelt.

Außerdem werden die in versalzenem Mauerwerk besonders häufigen und schädlichen Nitratsalze durch diese Mittel nicht umgewandelt.

Bei anderen Verfahren wird durch Aufbringen von Imprägniermitteln verhindert, daß vorliegende Salze durch das Anmachwasser des Ausgleichputzes in Lösung gehen und beim Verdunsten des Anmachwassers in die neue Putzschicht transportiert werden.

Andere Sanierputzsysteme verzichten auf die Salzbehandlung und Imprägnierung und setzen nachfolgend auf das Auftragen eines Spritzbewurfs einen kapillar leitfähigen Zwischenputz als Ausgleichsputz ein. Der auch als **Porengrundputz** (oder Pufferschutz) bezeichnete Zwischenputz hat einen besonders hohen Gehalt an Luftporen (über 50 Vol. %), in denen die Salze aus dem Untergrund sicher aufgenommen werden. Hierdurch wird ein Einwandern der Salze in die oberste Schicht, den Sanierputz, wirkungsvoll verhindert.

Bei seriösen Sanierputzsystemen kommen nach festgelegten Kriterien (DIN 18 550) güteüberprüfte, langjährig erprobte Sanierputz-Werktrockenmörtel zum Einsatz, deren Verarbeitung nur vom Fachverarbeiter durchgeführt werden kann. Die verwendeten Werktrockenmörtel sind in der Zusammensetzung ihrer Bindemittel und Zuschlagstoffe für die Bildung des notwendig sehr hohen Volumenanteils an Luftporen ausgestattet, der sich auf der Baustelle nur unter entsprechenden Mischbedingungen einstellen kann.

Zur Vermeidung von Fehlinvestitionen und Enttäuschungen sollte die Leistungsfähigkeit von Sanierputzsystemen nicht überschätzt werden. Sanierputze sind keine »Entfeuchtungsputze«. Zur fachgerechten Sanierung feuchten Mauerwerks gehört grundsätzlich eine Beseitigung der Durchfeuchtungsursachen, z.B. der Einbau funktionierender Horizontal- und Vertikalabdichtungen. Erst wenn sichergestellt ist, daß nicht ständig Feuchtigkeit nachdrängt, kann eine Putzsanierung auch auf Dauer erfolgreich sein.

Abziehen

Aufrauhen

So schließen Sie Risse im Verputz

Bei im Verputz auftauchenden Rissen müssen grundsätzlich **bautechnische** von **putztechnischen Rissen** unterschieden werden. Bei bautechnischen Rissen ist das Mauerwerk gerissen. Ursache sind häufig **Setzungsbewegungen** sowie Verschiebungen zwischen einzelnen Bauteilen oder unterschiedlichen Baumaterialien. Bei putztechnischen Rissen handelt es sich meistens um **Schwund-** und **Trockenrisse**, deren Ursache in der Regel mangelhafter Putzaufbau oder falsche Mörtelzusammensetzung ist. Während putztechnische Risse in aller Regel ziemlich fein (**Haarrisse**) und über große Flächen netzartig verteilt sind, treten bautechnische Risse immer dort auf, wo verschiedene Materialien, unterschiedliche Bauphasen und Bauteile eines Bauwerks aneinander grenzen. Bautechnische Risse können durchaus mehrere Millimeter breit sein. In allen Fällen dringt in vorhandene Risse Feuchtigkeit bis tief in den Verputz oder sogar in die Mauer ein, und führt dadurch zu unterschiedlichen Schäden an Anstrich, Verputz und Mauerwerk. Bei putztechnischen Rissen können Sie durch Aufbringen von dif-

fusionsoffenen, wasserabweisenden Imprägnierungen und Anstrichen die Wasseraufnahme der Wand herabsetzen. Vereinzelte bautechnische Risse, die sich über längere Zeit als gleichbleibend in Breite und Länge erwiesen haben, können Sie mit einer hochelastischen, überstreichbaren **Acrylatdispersion** spachteln.

1–2 Der Untergrund muß tragfähig, sauber und trocken sein. Beachten Sie außerdem die vom Produkthersteller angegebene maximale Rißbreite. Schneiden Sie die Spritzdüse auf Fugenbreite ab und pressen Sie die Acrylatdispersion aus der Kartusche in die Fuge ein. Hierbei braucht die Fuge nicht in der Tiefe gefüllt werden. Für das anschließende Glätten muß jedoch die Fugenmasse leicht überstehen. Glätten Sie Fugen an Wandflächen mit einem angefeuchteten Spachtel, Fugen in Raumecken mit einem angefeuchteten Finger. Dem Wasser setzen Sie vorher etwas Spülmittel hinzu. Bei neu auftretenden, großen bautechnischen Rissen sollte wegen einer möglichen statischen Gefährdung des Gebäudes unbedingt der Rat eines Fachmanns eingeholt werden.

Ränder einer Badewanne wasserdicht verfugen

Feuchtigkeitsschäden sind im Bereich von Bade- und Duschwannen, von Spül- und Waschbecken besonders häufig. Hierbei führt das Eindringen von Spritzwasser hinter die Einbauten oder in Rand- und Dehnungsfugen zur andauernden Durchfeuchtung von Anstrichen oder Putzschichten. Häßliche Wasserflecken, Schimmel- und Pilzbildung sind die oft nur durch umfangreiche Reparaturen zu behebenden Folgen. Für die Abdichtung von Dehnungs- und **Randfugen** stehen heute dauerelastische Silikondichtstoffe zur Verfügung, die mit Auspreßpistolen aus Kartuschen vom Heimwerker leicht verarbeitet werden können. Für die fachgerechte Verarbeitung dieser Dichtstoffe müssen die Fuge selbst und ihre Umgebung sauber, staubfrei und vollkommen trocken sein. Bestimmte Werkstoffe wie Edelstahl oder Hart-PVC müssen vor dem Auftragen aufgerauht werden (Stahlwolle, Schleifpapier), poröse Baustoffe wie Beton oder Putz sollten vorher mit einem Primer grundiert werden. Um besonders »saubere« Abdichtungen auszubilden, kleben Sie auf beiden Seiten der Fuge ein Klebeband,

das unmittelbar nach dem Glätten des Dichtstoffs wieder abgezogen wird.

1–2 Abdichtungen im Sanitärbereich werden als »**Dreiecksfuge**« ausgeführt. Hierbei wird nicht nur der obere Bereich der Fuge selbst mit Dichtstoff gefüllt, sondern der Dichtstoff sollte an den Fugenrändern um einige Millimeter überstehen. Kleben Sie den Wannenrand sorgfältig ab. Führen Sie die Auspreßpistole mit konstantem Hebeldruck in gleichmäßiger Bewegung bis Fugenende oder zu einer Ecke. Auch »unsichtbare« Fugen werden auf diese Weise abgedichtet.

3 Vor dem Einsetzen der Hautbildung (nach etwa 10 Minuten) glätten Sie den Dichtstoff mit einem in Wasser befeuchteten Finger. Entfernen Sie dann das Klebeband. Silikonfugen sind erst nach dem Aushärten mit Spritzwasser belastbar.

Profitip
Fügen Sie dem Wasser etwas Spülmittel zu und setzen Sie die Glättbewegung erst am Fugenende oder an einer Ecke ab.

1

2

3

Dampfbremsende und winddichte Folien einbauen

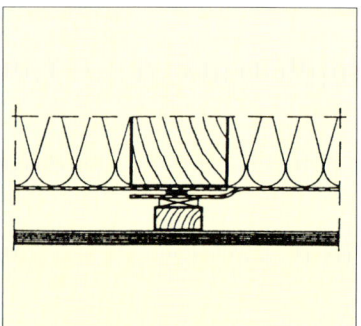

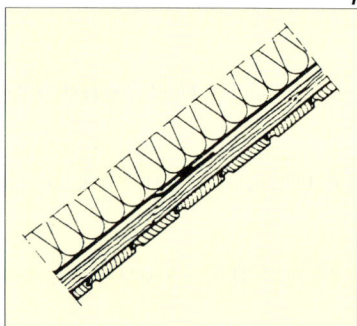

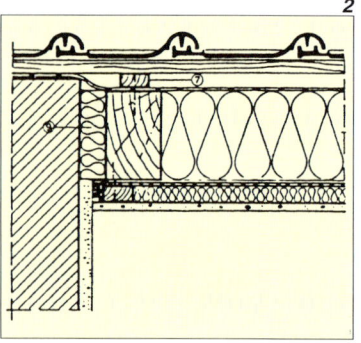

Vor allem im Dachbereich, wo im Winter warme, nach außen drängende Raumluft an kalten Außenoberflächen kondensiert, kommt es häufig zu Feuchtigkeitsschäden. Bei nicht hinterlüfteten Dächern kann dies nur durch den Einbau dampfbremsender, winddichter Folien verhindert werden. Je nach den örtlichen Gegebenheiten sind bei der Verlegung dieser im Fachhandel erhältlichen Folien unterschiedliche Maßnahmen zu beachten.

Zur Vermeidung von Feuchtigkeitsschäden durch Tauwasserbildung stehen dem Heimwerker prinzipiell zwei konstruktive Möglichkeiten zur Verfügung.

Belüftetes Dach

Die konventionelle Lösung besteht in der Sicherstellung einer Hinterlüftung (mindestens 20 mm) zwischen Dämmstoff und Dachhaut sowie dem Unterspannen von dampfbremsenden Folien (z.B. aus Aluminium oder Polyäthylen). Reicht die Sparrenstärke allein für den erwünschten Dämmwert nicht aus, so werden die Sparren aufgedoppelt bzw. zusätzliche Dämmstoffschichten unter den Sparren befestigt. Die

üblicherweise als Dampfbremse verwendeten PE-Folien haben einen mehr oder minder hohen, häufig aber nicht ausreichenden Diffusionswiderstand (s_d-Wert). Sie können darüber hinaus nur mit großem Aufwand wirklich allseitig winddicht an den Sparren befestigt werden.

Dies kann zu kaum noch kontrollierbaren Durchfeuchtungen führen, die sich sowohl auf das Holz der Dachkonstruktion schädlich auswirken als auch den Dämmwert der Gesamtkonstruktion wesentlich herabsetzen.

Nichbelüftetes Dach

Für eine die volle Sparrenstärke ausnutzende »**Sparrenvolldämmung**« ohne Hinterlüftung bietet der Fachhandel heute aufeinander abgestimmte Komponenten (Dämmstoff, Dampfbremsfolie, Spezialklebeband und Dichtungsband) an, mit denen sowohl aufwendige Konstruktionen wie Sparrenaufdopplung vermieden werden können als auch eine größtmögliche Sicherheit gegen Tauwasserbildung erreicht wird.

Hierbei weisen die güteüberwachten Dampfbremsfolien einen ausreichend hohen Diffusionswiderstand ($s_d > 50$ m) auf. Durch den Einsatz entsprechender Klebe- und Dichtbänder kann die Folie allseitig lückenlos winddicht befestigt werden. Bei einer gewissenhaften Verlegung nach den vom Hersteller angegebenen Verlegevorschriften können so auch Altbaudächer ohne Hinterlüftung der Lattung fachgerecht und sicher gedämmt werden.

1 Bei einer senkrechten Folienüberlappung parallel zu den Sparren oder dem Kehlgebälk erfolgt die Verlegung der Dampfbremsfolie vorzugsweise in 3 m breiten Bahnen. Beim Ablängen der Folienbahnen ist ein entsprechender Folienbedarf von 10–20 cm für die winddichten Anschlüsse an **Fußfette, Firstfette** und dergleichen zu berücksichtigen.

2 Bei der Verlegung der Dampfbremsfolie quer zu den Sparren oder zum Kehlgebälk wird die erste Folienbahn entlang des Firstes bzw. entlang des Übergangs Sparren/Kehlgebälk angebracht. Beim Zuschnitt der Bahnenlänge ist dabei der Folienbedarf von 10–20 cm für winddichte Anschlüsse an die Giebelwände, Trennwände usw. zu berücksichtigen. Die Heftklammerabstände sollten etwa 10 cm betragen.

3 Beim Anschluß an die Giebelwand sollte der Hohlraum zwischen Sparren und Giebelwand zur Vermeidung von Wärmebrücken mit Mineralwolle ausgestopft werden.

4 Für einen winddichten Anschluß an die Mittelpfette ist ein beidseitiges Einlegen des Dichtbands erforderlich. Hier wird die Dampfbremsfolie durch Anpreßlatten befestigt.

5 Für den Anschluß am Kamin in der Kehlbalkenlage wird ein ausreichend großes Stück der Dampfbremsfolie ausgeschnitten und am Kehlgebälk sowie am Kaminwechsel befestigt. Das Dichtband überdeckt die Fuge zwischen Folie und ausbetonierter Kaminverwahrung.

6 Beim Anschluß an eine Abseitenwand müssen Sie besonders auf eine sichere Verlegung des Dichtbands auf ebene Putzoberflächen achten.

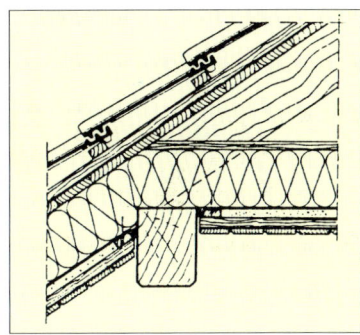

4

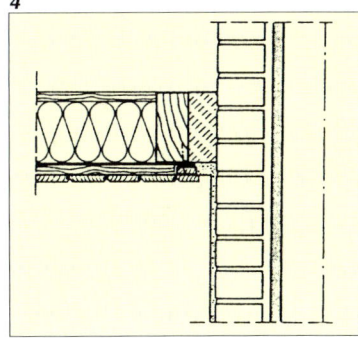

5

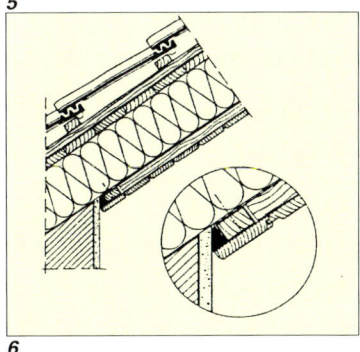

6

Altbaumauerwerk mit einer Horizontalabdichtung trockenlegen

Im Bereich von Fundamenten und erdberührten Kellermauern fällt Bodenfeuchtigkeit, Grundwasser, Schichten- und Sickerwasser an, das bei fehlender oder nicht funktionierender Horizontal- und Vertikalabdichtung ständig bis tief in das Mauerwerk eindringt. Von den Mauerhohlräumen und den Poren der Baustoffe aufgenommen, wird das Wasser in den **Kapillaren** nach oben transportiert.

Da die Feuchtigkeit an den erdberührten Mauerwerksoberflächen und meist auch an den innenseitigen Kellerwänden nicht verdunsten kann, wird sie durch oberhalb des Bodenniveaus stattfindende Verdunstungsprozesse in den Außenmauern oft mehrere Meter emporgesogen. Hierbei transportiert das Wasser gelöste Salze, die in der Verdunstungszone durch **Kristallisation** angelagert werden. Das versalzene Mauerwerk nimmt nun noch zusätzlich Feuchtigkeit aus der Luft auf, gibt jedoch gleichzeitig weniger Feuchtigkeit aus dem Inneren der Mauern an die Umgebung ab. Dadurch verlagert sich die Verdunstungsfläche immer weiter nach oben.

1 Kommt es zunächst nur zu häßlichen Verfärbungen der Maueroberfläche, so werden mit fortschreitender Versalzung durch den **Kristallisationsdruck** die Oberflächenbeschichtungen großflächig abgestoßen. Die Versalzung wird dann als Ausblühung deutlich sichtbar. Die Kristallisationsvorgänge brechen die Putzstruktur auf, Verputz und Anstriche werden mürbe und bröckeln ab. In der kalten Jahreszeit wird der Putzaufbau durch Frost- und Tauwechsel weiter zermürbt, es kommt zur Ablösung des Verputzes vom Untergrund und zu großflächigen Frostabsprengungen. In vielen Fällen sind konventionelle Verfahren der nachträglichen Horizontalabdichtung aufgrund baulicher Voraussetzungen oder aufgrund der hohen Kosten nicht möglich. Hier bietet sich alternativ das Einbringen einer Horizontalabdichtung mit dem Bohrloch-Injektionsverfahren an. Dieses Verfahren wird zwar auch von Fachbetrieben ausgeführt, kann jedoch, bei genauer Beachtung der Verarbeitungsrichtlinien des Injektionsmittel-Herstellers, auch vom Laien fachgerecht angewandt werden.

Material
Injektionsflüssigkeit, Zementmörtel.

Werkzeug

Schwierigkeitsgrad

Kraftaufwand

Arbeitszeit
Je nach Mauerdicke und Mauermaterial benötigen Sie für einen laufenden Meter der Mauer 1,5 bis 3 Stunden.

Ersparnis
Sie sparen Arbeitskosten von 75 bis 150 € pro laufenden Meter Mauerlänge.

Arbeitsvorbereitungen

Für das Bohren der Injektionslöcher benötigen Sie einen Bohrmeißel von 20 bis 25 mm Durchmesser. Das entsprechende Bohrgerät, am besten eignet sich ein sehr leistungsfähiger pneumatischer Bohrhammer, können Sie bei Baumaschinen-Verleihfirmen gegen Hinterlegung einer Kaution ausleihen. Die Tagesmiete für das Gerät lohnt sich bei einer Mauertrockenlegung auf jeden Fall.

2 Bohrlochabstand, Bohrungstiefe und Anzahl der notwendigen Injektionen richten sich nach der Mauerstärke und der Saugfähigkeit des Mauerbaustoffs. Messen Sie also zunächst die Mauerstärke an einer Maueröffnung aus und zeichnen Sie dann, entsprechend den Angaben in der dem Produkt beiliegenden Tabelle, die Bohrlochabstände an. Dabei sollten die Bohrlöcher möglichst dicht (10 cm) über dem Bodenniveau liegen.

3 Bohren Sie alle Bohrlöcher an den angezeichneten Punkten in einem nach unten gerichteten Winkel von 35–45 Grad. Die Bohrlochtiefe sollte dabei etwa 90% der Mauerstärke betragen. Während des Bohrens müssen die Bohrlöcher durch wiederholtes Herausziehen des Bohrmeißels sorgfältig gereinigt werden.

Nach dem Bohren reinigen Sie die Bohrlöcher zusätzlich mit einem geeigneten, leistungsfähigen Staubsauger. Noch besser ist es, wenn sie die Löcher mit Preßluft ausblasen. Dazu führen Sie den Preßluftschlauch zunächst vollständig in das Bohrloch ein und ziehen ihn dann langsam wieder heraus.

1

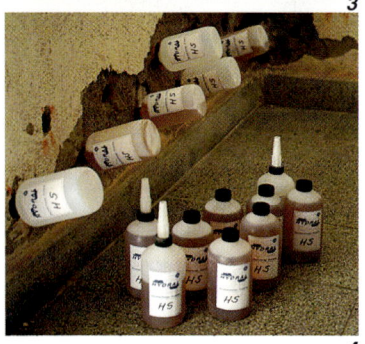

2

3

4

Sicherheitstip

Die Arbeit mit einem Preßluft-schlauch ist sehr staubig. Tra-gen Sie dabei unbedingt einen Mundschutz.

4 Stecken Sie in jedes Bohrloch eine gefüllte Dosierkartusche. Die Auslaufdauer hängt vom Mauerbaustoff und Feuchtig-keitsgehalt ab und beträgt zwi-schen einigen Stunden und meh-reren Tagen. Bei der Anzahl der Injektionen richten Sie sich nach der Anleitung des Injektionsmit-tel-Herstellers. Entfernen Sie die Injektagen immer erst nach ihrer vollständigen Entleerung. Nun können Sie die Bohrlöcher mit ei-nem dünnflüssigen fetten Ze-mentmörtel verfüllen. Nachdem die eingebrachte Horizontalab-dichtung ihre wassersperrende Wirkung entfaltet hat, dauert die Trocknung des Mauerwerks, je nach Baustoffeigenschaften, Feuchtegehalt und klimatischen Bedingungen, bis zu einem Jahr und länger. Während dieser Zeit nimmt der Feuchtegehalt des Mauerwerks immer weiter ab, bis sich ein dem Mauerbau-stoff und den Umweltbedingun-gen entsprechendes, »norma-les« Feuchtegleichgewicht ein-gestellt hat. Da das Aufsteigen von Nässe durch die Horizontal-abdichtung unterbrochen ist und kein Wasser mehr nachdrängt, trocknet die Verdunstung des überschüssigen Wassers die Mauer langsam aus. Nach der Austrocknung des Mauerwerks können Sie mit einer Putzsanie-rung beginnen. Hierzu müssen Sie versalzene und in ihrer Struk-tur und Haftung beeinträchtigte Altverputze restlos entfernen. Für den Neuverputz dürfen Sie keine wassersperrenden oder wasser-speichernden Verputzmörtel ver-wenden. Am besten eignen sich diffusionsoffene Kalkputze in mehrschichtigem Aufbau. In vie-len Fällen ist der Versalzungs-grad des Mauerwerks so hoch, daß, auch nach erfolgreicher Trockenlegung, vom Fachmann spezielle Sanierputze aufge-bracht werden müssen.

Profitip

Transportieren Sie den abge-schlagenen Putz möglichst schnell von der Baustelle ab. Re-genwasser kann die darin ent-haltenen Salze ausspülen und über das Grundwasser erneut ins Mauerwerk transportieren.

Fundament und Kellermauern trockenlegen

Material
Je nach Ausführung: Zementmörtel, Dichtungsschlämme, Bitumenanstrich oder Bitumendickbeschichtung.

Werkzeug

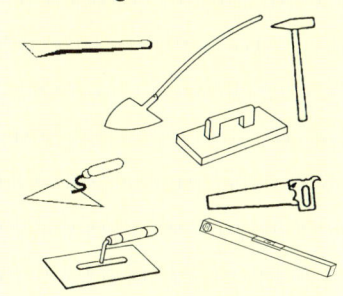

Schwierigkeitsgrad

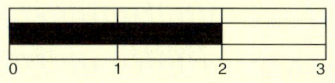

| 0 | 1 | 2 | 3 |

Kraftaufwand

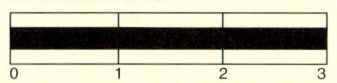

| 0 | 1 | 2 | 3 |

Arbeitszeit
Ohne die bei Altbauten notwendige Freilegung der Mauern benötigen Sie, je nach Ausführung, pro laufenden Meter der Kellermauern mind. 3 Stunden.

Ersparnis
Bei der Isolierung der Mauern sparen Sie etwa 50 € pro m².

Die schwerwiegendsten Feuchtigkeitsschäden gehen von nassen Fundament- und Kellermauern aus. In allen Fällen saugt hierbei das erdberührte Mauerwerk aus dem Boden Feuchtigkeit auf, die dort in Form von Grundwasser, Stauwasser oder Sickerwasser anfällt und nur unvollständig oder überhaupt nicht abgeleitet wird.

Da das Wasser unterhalb der Bodenoberfläche und auch in angrenzenden, feuchten Kellerräumen nicht verdunsten kann, steigt es in den Mauern bis weit über das Bodenniveau hinauf.

Hierbei werden im Boden enthaltene oder mit dem Sickerwasser eingebrachte Salze in gelöstem Zustand mittransportiert, bis sie durch die Verdunstung des Wassers in den höheren Mauerbereichen in Steinmaterial und Verputz auskristallisieren und dort in hohen Konzentrationen angelagert werden. Salzhaltige Baustoffe binden aber weitaus mehr Feuchtigkeit als trockene Baustoffe, und so nimmt das geschädigte Mauerwerk zusätzlich Feuchtigkeit aus der Luft auf. Dabei steigt die Verdunstungszone

immer höher hinauf. Das Mauermaterial und der Verputz werden zunehmend geschädigt bis es schließlich zum Abplatzen von Anstrichen, zum Abblättern des Verputzes und zu flächig ausgedehnten Frostabsprengungen kommt.

Ist die Schädigung des Mauerwerks einmal so weit fortgeschritten, so helfen keine Reparaturen, Ausbesserungen oder Isolier- und Imprägnieranstriche. Sowohl Mauerwerk als auch Verputz müssen dann grundlegend saniert werden, eine teure Maßnahme, die im allgemeinen nur von erfahrenen Fachbetrieben ausgeführt werden kann. Vor allen anderen Sanierungsmaßnahmen muß jedoch der Bau erst einmal trockengelegt werden.

Um den beschriebenen Feuchtigkeitsschäden vorzubeugen, werden heutzutage Neubauten grundsätzlich mit Horizontal- und Vertikalabdichtungen versehen. Vor dem Verfüllen der Baugrube wird außerdem eine die erdberührten Mauern allseitig umschließende Dränleitung zur Baugrundentwässerung eingebaut. Der Bau steht dann in sei-

nen untersten Teilen im Trockenen, und die geringe im Boden der Baugrubenverfüllung verbleibende Restfeuchte wird durch die Bitumenbeschichtung sicher von Fundament und Kellermauern ferngehalten. Dagegen sind die meisten Altbauten weder gegen Bodenfeuchtigkeit abgedichtet noch ist eine funktionierende Baugrundentwässerung vorhanden.

Obwohl für die Trockenlegung von feuchten Altbauten wesentlich umfangreichere Vorarbeiten geleistet werden müssen, sind die Maßnahmen zur Isolierung und zur Baugrundentwässerung die gleichen wie bei Neubauten. In beiden Fällen müssen die erdberührten Mauern zunächst einmal verputzt und dann isoliert werden. Erst hiernach wird für eine sichere Entwässerung des Baugrunds gesorgt.

Die Isolierung mit einem Bitumenanstrich kann nur auf tragfähigen, rißfreien, ebenen und trockenen Untergründen erfolgen.

Bei Neubauten bieten sich für die Isolierung zwei Verfahren an: Auf den ebenen Neubaumauern

kann ein wassersperrender Beschichtungsmörtel (Dichtungsschlämme) mit anschließendem Bitumenanstrich aufgebracht werden. Es kann aber auch ohne das vorangehende Auftragen eines mineralischen Verputzes eine Bitumendickbeschichtung aufgetragen werden. In diesem Fall entfällt der Bitumenanstrich ebenfalls.

Bei Altbauten liegt in der Regel kein homogenes und ebenes Grundmauerwerk vor. Außerdem sind die älteren Verputze meist so beschädigt, daß sie vollständig entfernt werden müssen. Hier wird man, um erst einmal eine ebene Schicht herzustellen, auf einen traditionellen Zementputz zurückgreifen und dann zusätzlich einen wassersperrenden Bitumenanstrich auftragen.

Vorarbeiten

Bei Neubauten räumen Sie zunächst die Baugrube von eventuell angefallenem Bauschutt. Bei Altbauten müssen Sie längs aller Außenmauern einen Graben ausheben. Dabei fällt bei unterkellerten Altbauten eine erhebliche Menge **Aushub** an, die häufig nicht bis zum Verfüllen auf dem Grundstück gelagert werden kann. Hinzu kommt, daß der Aushub, wenn es sich um bindiges Material handelt, für eine spätere Verfüllung der Baugrube ohnehin nicht in Frage kommt. Es ist also viel mühsame Handarbeit zu leisten, zumal dann, wenn wegen Platzmangel oder bestehenden, wertvollen Pflanzenbewuchses nicht mit dem Bagger gearbeitet werden kann. Der Graben sollte dabei bis zur **Fundamentsohle** geführt werden, er sollte jedoch keineswegs tiefer als diese gelegt werden.

1–2 Bei Neubaumauerwerk schlagen Sie **Rödeldrähte** in Beton etwa 2 cm tief mit dem Meißel heraus. Danach schließen Sie einzelne, nicht verfüllte Fugen im Mauerwerk und Ausbrüche im Beton mit einem Zementmörtel. Schlagen Sie auch alle an den Fugen überstehenden Mörtelreste ab, so daß Sie eine ebene Maueroberfläche erhalten. Kehren Sie die Grundmauern dann sorgfältig mit einem harten Besen sauber ab.

Für einen guten Wasserablauf bilden Sie zwischen Fundament und aufgehendem Mauerwerk eine **Hohlkehle** aus. Verwenden Sie hierfür einen fetten Zementmörtel, den Sie mit der Kelle dick auftragen.

Profitip
Mit einer Flasche, die Sie im feuchten Mörtel bewegen, läßt sich eine wasserableitende halbrunde Hohlkehle besonders gut ausformen.

3 Nachdem der Mörtel ausgehärtet ist, tragen Sie mit einem Quast ein vom Hersteller der gewählten Bitumenbeschichtung empfohlenes Grundiermittel auf.

3

4 Nach dem Trocknen der Grundierung können Sie mit der Beschichtung beginnen. Entnehmen Sie das Beschichtungsmittel mit der Traufel aus dem Gebinde und ziehen Sie es mit einen Stahlglätter in einer Schicht von etwa 5 mm gleichmäßig auf die Mauer auf. Hierbei arbeiten Sie von unten nach oben und in Streifen von einer Mauerecke beginnend bis zur nächsten Ecke. An Fundament, Hohlkehlen und Ecken achten Sie auf eine besonders sorgfältige Beschichtung. Kontrollieren Sie zum Schluß, ob Sie keine Fläche ausgelassen ha-

4

5

6

ben oder ob der Auftrag an einzelnen Stellen zu dünn geworden ist.

Die Trocknungzeit einer Bitumendickbeschichtung beträgt je nach Untergrund und Witterungsverhältnisse 3–7 Tage. Während dieser Zeit darf die Beschichtung weder durch Regen, noch durch starke Sonnenbestrahlung noch mechanisch belastet werden.

5 Wenn Sie sich nicht für eine Dickbeschichtung, sondern für den Auftrag einer Dichtungsschlämme entschieden haben, so machen Sie den im Werk fertig gemischten Trockenmörtel zunächst streichfähig an. Rühren Sie das Beschichtungsmittel mit langsam laufendem Rührwerk, möglichst sackweise mit der vom Hersteller angegebenen Wassermenge an. Im ersten Arbeitsgang bürsten Sie die Dichtungsschlämme als Haftschlämme satt mit dem Quast auf die Wand auf. Bearbeiten Sie hierbei jeweils sinnvoll begrenzte Flächen, nicht alle Kellerwände auf einmal.

6 Für das nachfolgende Auftragen mit der Glättkelle wird die

Dichtungsschlämme steifer angerührt. Ziehen Sie den Dichtungsmörtel an den Wänden in einer etwa 3–5 mm starken Schicht mit der Glättkelle auf.

Zum Erzielen einer planebenen Oberfläche reiben Sie die Fläche nach dem Ansteifen des Mörtels mit dem feuchten Schwammbrett.

Bei Altbauten verputzen Sie die freigelegten und sorgfältig von alten Veputzresten und eventuellem Moosbewuchs gereinigten Fundament- und Kellermauern in drei Arbeitsgängen:

Häufig liegt bei Altbauten ein unregelmäßiges Bruchsteinmauerwerk mit breiten Fugen und Vorsprüngen vor. Wegen der unterschiedlichen Saugfähigkeit des Materials sollte zunächst ein Spritzbewurf als Haftbrücke aufgetragen werden. Vorher wird das Mauerwerk sorgfältig vorgenäßt, damit es dem Putzmörtel nicht zuviel Wasser entzieht. Lassen Sie dann antrocknen, bis die Oberfläche mattfeucht erscheint.

Mischen Sie das Anmachwasser für den **Vorspritzmörtel** zunächst mit einer geeigneten Kunststoff-dispersion an. Hierbei richten Sie sich nach dem auf dem Gebinde oder dem Produktdatenblatt angegebenen Mischungsverhältnis. Verwenden Sie diese Mischung zum Anmachen des fast flüssigen Vorspritzmörtels aus 1 Teil Zement auf 3 Teile grobkörnigen Sand. Spritzen Sie anschließend den Vorspritzmörtel mit kräftigem Wurf mit der Kelle an. Um ein zu schnelles Austrocknen (Verdursten) des Bewurfs zu vermeiden, sollte die Mauer vor starker Sonnenbestrahlung geschützt werden.

Im zweiten Arbeitsgang füllen Sie die Fugen mit einem fett angemischten, vergüteten Zementmörtel (1 Teil Zement auf 3–4 Teilen Sand). Auch hierbei wird der Mörtel durch kräftigen Kellenwurf angetragen, damit sich die Fugen vollständig füllen. Ziehen Sie dann die entstehende Oberfläche nur grob mit der Kelle ab. An der **Fundamentoberkante** und an **Fundamentvorsprüngen** bilden Sie (wie unter **1** beschrieben) eine Hohlkehle aus. Der Mörtel sollte anschließend 2–3 Wochen aushärten und »ausreißen« können.

Nach dieser Wartezeit tragen Sie im dritten Arbeitsgang den Oberputz mit der Kelle oder dem Stahlglätter auf. Wenn der Mörtel angesteift ist, ziehen Sie die Fläche mit einer Latte eben ab und verreiben den Mörtel anschließend mit dem Reibebrett. Hierdurch entsteht eine ebene, gefüllte Fläche, die Sie zum Schluß mit dem Stahlglätter glätten.

Vor dem Auftragen eines Bitumendickschichtanstrichs muß wieder das Austrocknen der bei Neubauten aufgebrachten Dichtungsschlämme bzw. bei Altbauten des Verputzes abgewartet werden. Richten Sie sich nach den vom Hersteller des Bitumenanstrichs angegebenen Wartezeiten.

7 Der Bitumenanstrich wird zunächst als Grundierung mit Wasser verdünnt aufgetragen. Achten Sie hierbei besonders auf eine sorgfältige Ausführung im Bereich der Hohlkehle.

Nach der vom Hersteller vorgeschriebenen Trocknungszeit werden zwei Deckanstriche satt aufgetragen. Hierzu verwenden Sie am besten Pinsel und Quast.

7

8

9

10

8 Gebäude-Trennfugen können Sie mit einem Spezial-Gewebeband zuverlässig abdichten. Tragen Sie über das Dichtband nochmals Bitumendickschicht auf.

Jetzt ist das Kellermauerwerk fertig abgedichtet. Während der Bitumenanstrich austrocknet (Herstelleranleitung beachten), haben Sie genügend Zeit, Ihre Baugrundentwässerung zu planen.

Zeichnen Sie für den Einkauf der benötigten Dränleitungen und Formteile eine vermaßte Skizze Ihres Dränvorhabens. Bei Neubauten können Sie die Baumaße aus dem Plan herauslesen. Bei Altbauten ist der Plan häufig verloren gegangen. Hier müssen Sie die Längen der Außenmauern ausmessen sowie die Entfernung zum Anschluß an den **Sickerschacht** bzw. **Vorfluter** (Bach- oder Regenwasserkanal).

Tragen Sie in diese Skizze auch die benötigten Formteile (Verbindungsmuffen, Revisionsschächte, T-Stücke usw.) ein und schreiben Sie dann Ihre Einkaufsliste. Den Einkauf sollten Sie nur im Fachhandel oder in einem Bau- markt vornehmen, wo Sie sich auf eine eingehende und fachgerechte Beratung verlassen können. Bei Neubauten ist die fachgerechte Planung der Baugrundentwässerung ohnehin Bestandteil der Gesamtplanung.

9 Bevor Sie mit dem Verlegen der Dränleitungen beginnen, säubern Sie zunächst noch einmal die Baugrube von eventuellem Bauschutt und Mörtelresten. Stellen Sie dann bei freistehenden Bauten einen ringförmig um die Fundamentmauern verlaufenden Leitungsgraben her. Vom höchsten zum niedrigsten Punkt sollte die Grabensohle ein Gefälle von mindestens 1 cm auf 2 m haben (0,5 %). Bei nicht freistehenden Bauten kann die Dränleitung nicht ringförmig geführt werden. Auch hier ist jedoch auf ein etwa gleichmäßiges Gefälle von mindestens 0,5 % zu achten. Wenn der Leitungsgraben fertiggestellt ist, fixieren Sie zunächst die Dränmatten mit Dachlatten und Nägeln knapp oberhalb des späteren Geländeniveaus. Die »Höhe« der von der Rolle abgeschnittenen Bahnen sollte dabei so bemessen sein, daß die an den Mauern anliegende Dränmatte später bis auf den Rohrscheitel verlegt werden kann. Die einzelnen Bahnen werden dabei auf seitlichen Stoß befestigt, so daß der Überstand des Vlieses die Stoßverbindung überdeckt.

An den Gebäudeecken wird die Dränmatte unten eingeschnitten und abgewinkelt und an der anstoßenden Bauwerkseite weiter befestigt. Schneiden Sie zum Schluß eventuelle Fensteröffnungen (Kellerfenster) aus.

Als nächstes verlegen Sie das Filtervlies. Das Filtervlies muß beim Zuschneiden so breit bemessen werden, daß es von der Fundamentoberkante aus unter der einzubringenden Dränschicht hindurchreicht und über diese wieder bis zur Dränmatte umgeschlagen werden kann. Legen Sie das Filtervlies so im Graben aus, daß es an der Fundamentoberkante (also unter der Dränmatte) ansitzt.

10 Auf das Filtervlies wird nun als Rohrauflager eine dem Rohrtyp entsprechende Schicht Filterkies aufgebracht. Bei Vollsickerrohren (kreisrunder Querschnitt mit rundum angelegten Schlitzen)

muß die Höhe des Rohrauflagers mindestens 15 cm betragen. Bei Teilsickerrohren (tunnelartiger Querschnitt mit geschlossener Sohle) reicht ein Rohrauflager von mindestens 5 cm.

Auch hierbei muß ein Gefälle von mindestens 0,5 % (= 1 cm Höhe auf 2 m Länge) hergestellt werden. Um Beschädigungen zu vermeiden, sollte das Filtervlies nach Möglichkeit nicht begangen und nicht mit der Schubkarre befahren werden.

11 Nach dem sorgfältigen Nivellieren des Rohrauflagers setzen Sie an den Gebäudeecken die Revisionsschächte. Hierbei muß wieder das für die Drähnrohre notwendige Gefälle berücksichtigt werden. Für das Einmessen der erforderlichen Höhe verwenden Sie am besten eine Schlauchwaage. Die Dränrohre werden dann in die Anschlußmuffen der Revisionsschächte eingesteckt. Einzelne Rohrlängen werden mittels Steckmuffen miteinander verbunden.

Hiernach überprüfen Sie unbedingt noch einmal das vorgegebene Rohrleitungsgefälle.

11

12

13

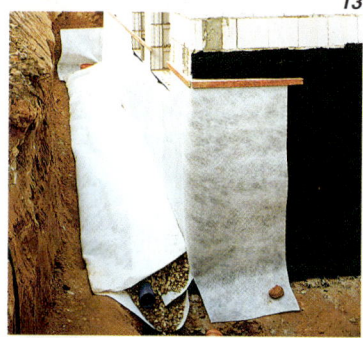

14

15

12 Anschließend bringen Sie die Sickerschicht aus Filterkies bis auf die Höhe des Rohrscheitels ein. An beiden Seiten des Rohrs sollte die Sickerschicht mindestens 20 cm breit verlegt werden. Legen Sie dann die Unterkante der Dränmatte unmittelbar auf den Rohrscheitel. Das geht am einfachsten, wenn Sie die Dränmatte durch Anbringen von (wenig) Kies in ihrer Lage fixieren.

13 Überdecken Sie nun die Dränrohre sorgfältig mit einer mindestens 20 cm dicken Schicht Filterkies.

14 Hiernach legen Sie den seitlich überstehenden Rand des Filtervlieses um die Filterschicht, so daß diese allseitig von Filtervlies umschlossen ist und das Vlies an der Dränmatte anliegt.

15 Die Dränleitung ist nun fachgerecht verlegt. Bevor die Baugrube verfüllt wird, müssen zunächst die Revisionsschächte nach oben bis zur vorgesehenen Unterkante des Mutterbodens verlängert werden. Hierfür verwenden Sie ein dem Durchmesser der Revisionsschächte entsprechendes Kanalrohr, das mit der Muffe nach oben in die Steckmuffe des Schachts eingesteckt wird.

Das Kanalrohr muß gegen Eindringen von Bauschutt und Boden mit einem **Muffenstopfen** verschlossen werden.

16 Nun wird die Dränleitung an einen Sicker oder Sammelschacht angeschlossen. Beim Anschluß an einen Vorfluter (offene Bach- oder Regenwasserkanäle) sollte unbedingt der Höchstwasserstand dieses Vorfluters berücksichtigt werden. Gegebenenfalls ist eine Rückstauklappe einzubauen. Für alle Ableitungen von Dränwasser sind auf jeden Fall die geltenden wasserrechtlichen Vorschriften zu beachten.

Bei Ringleitungen verbinden Sie die beiden Ringenden mit einem T-Stück, dessen Abgang Sie mit passenden Abwasserrohren bis zur Einleitungsstelle verlängern. Zum genauen Anpassen von benötigten Zwischenlängen lassen sich die Abwasserrohre einfach mit einem feingezahnten Fuchsschwanz auf die richtige Länge abschneiden.

17 Schrägen Sie anschließend das spitze Ende des Rohrs mit der Feile ab.

18 Vor dem Zusammenfügen der Rohre bestreichen Sie die Spitzenden mit Gleitmittel.

19 Die Rohre lassen sich durch kräftigen Druck mit eventuell leicht drehender Bewegung einfach zusammenfügen. Überprüfen Sie, ob auch alle Anschlüsse sitzen.

Verfüllen der Baugrube

Die Baugrube darf auf keinen Fall mit Bauschutt oder bindigem (lehmigem) Bodenmaterial verfüllt werden. Steht seitlich stark bindiger Boden an, so ist eine Verfüllung mit einem durchlässigen Baustoff (Filterkies) vorzusehen. Die Verfüllung wird lagenweise eingebracht und sollte ebenfalls lagenweise verdichtet werden. Hierbei wird ein leichtes vom Bauwerk ableitendes Gefälle der Lagen hergestellt.

Wenn die Baugrube erst später verfüllt wird, so muß das Filtervlies zum Schutz vor Beschädigung und Verunreinigungen sorgfältig abgedeckt werden.

Diese Abdeckung wird vor dem Verfüllen wieder entfernt.

Die Dränleitung sollte in regelmäßigen Abständen kontrolliert werden.

Hierbei kann nach Bedarf eine Spülung mit Hochdruckgeräten (je nach Rohrtyp bis 120 bar Spüldruck) durchgeführt werden.

16

17

18

19

Eine Mauer verputzen

Mineralische Putzmörtel setzen sich aus einem Bindemittel, Kalk oder Zement und einem Zuschlagstoff in Form von Sand zusammen. Besteht das Bindemittel aus einer Mischung von Kalk und Zement, so spricht man von **Kalk-Zementmörtel**.

Während reine Zementmörtel nahezu wasserdicht und in hohem Maße luftundurchlässig sind, weisen Kalk-Zementmörtel mit hohem Kalkanteil (z.B. 2 Teile Kalk auf 1 Teil Zement) einen im allgemeinen ausreichend niedrigen Diffusionswiderstand auf. Sie sind zwar nur in geringem Maße wasserabweisend, aber ausreichend luftdurchlässig, um die vom Mauerwerk mit der Luft aufgenommene Feuchtigkeit auch wieder an die Luft abzuführen.

Hierin liegt der besondere Vorteil von Kalk-Zementmörteln gegenüber reinen Zementmörteln. Aus Unwissenheit werden häufig bei der Instandsetzung von Altbaumauerwerk Zementmörtel eingesetzt. Wenn aber das geschädigte Mauerwerk mit Zementmörtel gegen Wasser abgedichtet wird, kann die Feuchtigkeit gar nicht mehr ausdunsten

und steigt in der Mauer noch höher an.

Reine Zementmörtel sollten daher bei der Sanierung von Altbaumauerwerk nur dann zum Einsatz kommen, wenn es gilt, von außen andringende Feuchtigkeit fern zu halten, also beispielsweise bei erdberührenden Fundament- und Kellermauern.

Sind Kalk-Zementmörtel an sich schon bei der Verarbeitung geschmeidiger als Zementmörtel, so kann man deren Leistungsfähigkeit und Verarbeitungseigenschaften durch den Zusatz von **Kunststoffdispersionen** entscheidend verbessern.

Kunststoffdispersionen werden dem Anmachwasser beigefügt. Sie bewirken eine deutliche Verbesserung der Klebkraft, vermindern die Schwindspannung und Rißbildung und erhöhen die wasserabweisenden Eigenschaften des Verputzes.

Kalk-Zementputze werden normalerweise in zwei Lagen, einer **Ausgleichslage** (Unterputz) und einer **Oberlage** (Oberputz), aufgetragen. Zur besseren Haftung

Material
Verputzsand, Zement, Kalk, Kunststoffdispersion als Mörtelverbesserer.

Werkzeug

Schwierigkeitsgrad

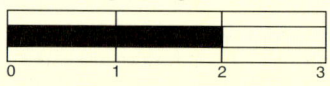

| 0 | 1 | 2 | 3 |

Kraftaufwand

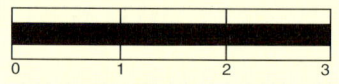

| 0 | 1 | 2 | 3 |

Arbeitszeit
Ohne die bei Altbauten notwendige Freilegung der Mauern benötigen Sie, je nach Ausführung, pro laufenden Meter der Außenmauern mind. 2 Stunden.

Ersparnis
Beim Verputzen der Mauern sparen Sie etwa 25 € pro m².

ist auf glattem oder stark saugendem Mauerwerk zusätzlich ein Spritzbewurf notwendig.

1 Bei Altbaumauern sollten zunächst alle alten Putzschichten entfernt werden. Neues wie altes Mauerwerk wird vor dem Verputzen gründlich abgekehrt. Benutzen Sie hierzu einen möglichst harten Straßenbesen.

Kurze Zeit vor dem Anspritzen des Spritzbewurfs oder dem Auftragen des Unterputzes wird das Mauerwerk sorgfältig vorgenäßt, damit es dem Putzmörtel nicht zuviel Wasser entzieht. Lassen Sie dann antrocknen, bis die Oberfläche mattfeucht erscheint.

2 Mischen Sie zunächst die Kunststoffdispersion mit dem Anmachwasser. Hierbei richten Sie sich nach dem auf dem Gebinde oder Produktdatenblatt angegebenen Mischungsverhältnis. Verwenden Sie diese Mischung zum Anmachen des Vorspritzmörtels. Dieser besteht in der Regel aus einem wasserreichen, fast flüssigen Zementmörtel (1 Teil Zement auf 3 Teile grobkörnigen Sand). Der Vorspritzmörtel wird mit kräftigem Wurf mit der Kelle ange-

spritzt. Um ein zu schnelles Austrocknen (Verdursten) des Bewurfs zu vermeiden, sollte die Mauer nicht von der Sonne beschienen sein und eventuell durch Besprühen feucht gehalten werden.

3 Am folgenden Tag, spätestens nach 3 Tagen, wird der Unterputz aufgetragen. Erst wenn die trockenen Bestandteile, nämlich 2 Teile Kalk und 1 Teil Zement mit 10 Teilen Sand gründlich durchgemischt sind, geben Sie das mit Kunststoffdispersion versetzte Anmachwasser hinzu. Je

1

2

3

4

besser die Durchmischung, um so einheitlicher wird auch der Verputz.

An Fensterleibungen und Mauerecken haben Sie Putzlatten angebracht und mit der Wasserwaage lotrecht ausgerichtet. Für eine besonders gute Haftung werfen Sie an diesen Stellen den Mörtel mit der Kelle an.

4 An größeren Flächen ziehen Sie den Mörtel mit dem Brett oder dem Glätter auf. Hierbei erreichen Sie eine Schichtdicke von 10–15 mm.

Profitip
Bei Mauerwerk mit tiefen Fugen und bei unregelmäßigem Bruchsteinmauerwerk werfen Sie den Mörtel besser mit der Kelle an. Auf diese Weise können Sie Fugen und Fehlstellen besser füllen.

Überprüfen Sie zwischendurch öfter den senkrechten Auftrag der Putzschicht mit der Wasserwaage. Ziehen Sie den Unterputz nur grob mit der Kellenkante ab, so daß eine rauhe Oberfläche dem Oberputz bessere Haftung bietet.

5 Zum planebenen Abziehen verwenden Sie eine Latte, die Sie unter ziehenden und schiebenden Bewegungen an den Putzlatten führen. Arbeiten Sie dabei so großflächig wie möglich. Durch die Abziehbewegung wird der Putz wieder leicht aufgerauht, was der besseren Haftung des Oberputzes zugute kommt.

6 Die Haftung des Oberputzes kann zusätzlich durch Aufrauhen des Unterputzes mit einem Stahlbesen erhöht werden.

Wenn Sie den Unterputz mit dem Brett anreiben wollen, so sollte er nach dem Ansteifen (aber vor dem Erhärten) mit einem Stahlbesen aufgerauht werden. Achten Sie darauf, daß der Unterputz nicht zu schnell austrocknet. Notfalls hilft vorsichtiges Besprühen mit Wasser.

Auftragen des Oberputzes
Wird die Gesamtputzschicht nicht dicker als 20 mm, so können Sie bei ebenen Mauerflächen die beiden Putzlagen auch naß in naß auftragen. Im allgemeinen wird jedoch der Oberputz nach dem Erhärten des Unterputzes aufgetragen. Zum Auf-

ziehen benutzen Sie wieder das Brett.

Zum Schluß wird der Oberputz durch Abreiben mit dem Reibebrett verdichtet und ausgeglichen. Arbeiten Sie hierbei sowohl in ziehenden als auch in kreisenden Bewegungen. Wenn Sie nach dem Abschluß Ihrer Verputzarbeiten noch Unebenheiten entdecken, sollten Sie diese gleich im Anschluß mit zusätzlichem Putz egalisieren.

Größere Fehlstellen werden mit zusätzlichem Mörtel gefüllt, kleine Fehlstellen schließen sich beim Reiben.

Profitip

Auf keinen Fall dürfen die Putzschichten zu schnell austrocknen. Wird die betreffende Wand von der Sonne beschienen oder ist sie dem Wind ausgesetzt, so hilft Besprühen mit Wasser. Auch Frost schadet dem noch nicht ausgehärteten Verputz erheblich. Aus diesem Grund sollten Sie Verputzarbeiten an Außenfassaden oder in unbeheizten Gebäuden nicht im Winter ausführen.

5

6

So montieren Sie neue Abflußrohre

1

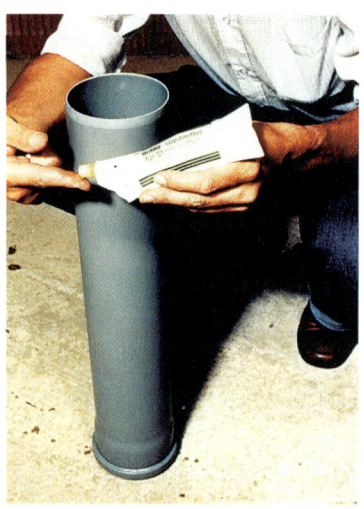

2

Immer wieder führen Undichtigkeiten an alten oder defekten Abflußrohren zu Feuchtigkeitsschäden in Haus und Wohnung.

Für die Hausentwässerung gibt es auf jeden Bedarf abgestimmte, komplette Sortimente an Abflußrohren in verschiedenen Nennweiten (40, 50, 70, 100 mm), Formstücke und Zubehörteile, die auch vom Heimwerker fachgerecht montiert werden können. Bei **Rohrinstallationen** wird die Nennweite im allgemeinen durch die Größe des Ablaufs am eingebauten Sanitärobjekt oder Gerät bestimmt.

Zeichnen Sie für Ihr Anschlußprojekt eine vermaßte Skizze, in die Sie die geraden Rohrlängen, die Bögen mit Angabe der Winkel (z.B. 15, 30, 45, 67, 80, 87 Grad) und Abzweigungen eintragen. Notieren Sie außerdem die Auslaufweite des anzuschließenden Sanitärobjekts und die Nennweite der Rohreinmündung, an die Sie die Abflußleitungen anschließen wollen. Vergessen Sie beim Einkauf auch nicht die benötigten Gummidichtungsringe, Rohrschellen und das Gleitmittel für die Steckmuffenverbindungen.

Material
Abwasserrohre, Gummidichtungen, Gleitfett, Rohrschellen.

Werkzeug

Schwierigkeitsgrad

| 0 | 1 | 2 | 3 |

Kraftaufwand

| 0 | 1 | 2 | 3 |

Arbeitszeit
Pro laufenden Meter Rohr benötigen Sie etwa 1/2 Stunde.

Ersparnis
Pro laufenden Meter Rohr sparen Sie durch Ihre Arbeitsleistung bis zu 25 €.

Beachten Sie beim Einbau von horizontal verlaufenden Rohrleitungen, daß ein Gefälle von 2 %, d.h. 2 cm Höhe auf 100 cm Länge eingeplant werden muß.

1 Abwasserrohre aus Kunststoff können einfach mit einer feingezahnten Säge auf die richtige Länge abgeschnitten werden. Für einen genau rechtwinkligen Schnitt verwenden Sie eine Schneidlade. Damit sich beim Zusammenfügen die fest eingepaßte Gummidichtung nicht verschiebt, ist es notwendig, die Schneidkante sorgfältig mit einer Feile anzuschrägen.

Profitip

Sie können die Schneidkante auch gut mit grobem Schleifpapier anschrägen. Tackern Sie hierfür einen Bogen Schleifpapier der Körnung 40 oder 60 auf ein Brettstück. Beim Anschrägen der Rohrkanten liegt das Brettstück auf dem Boden, während Sie das Rohr in Schräghaltung über das Schleifpapier führen.

2 Vor dem Zusammenfügen der Rohre reinigen Sie das Steckende, die Muffe und den Dichtungsring mit einem Lappen. Hiernach wird das angeschrägte Steckende mit Gleitmittel eingestrichen.

3 Beim Zusammenfügen schieben Sie das Steckende bis zum Anschlag in die Rohrmuffe ein, markieren mit einem Bleistift die Einsteckstelle und ziehen das Steckende etwa 10 mm zurück. Dieser Spielraum ist für die bei Temperaturänderungen erfolgende **Längendehnung** der Rohre unerläßlich.

4 Abwasserrohre werden unter jeder Steckmuffe und unter jedem Formteil mit einer Rohrschelle befestigt. Bei Längen über 100 cm sollte eine zweite Rohrschelle etwa in der Mitte des Rohrs angebracht werden.

Profitip

Durch heißes durchfließendes Wasser wärmen sich die Rohre und dehnen sich in der Länge aus. Damit diese Längendehnung ohne Geräuschentwicklung (Knacksen der Rohre) ermöglicht wird, dürfen die Rohrschellen nicht zu fest angezogen werden.

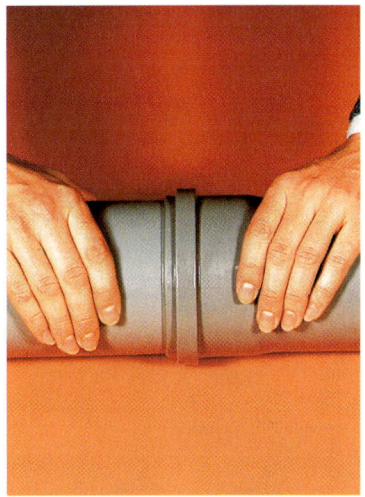

3

4

Eine neue Dachrinne montieren

1

2

Viele Altbauten haben keine oder nur eine unzureichend funktionierende Dachentwässerung. Dabei zählt an der **Traufkante** von Dächern herabfallendes Niederschlagswasser zu den folgenschwersten Ursachen für Feuchtigkeitsschäden. Denn im Traufbereich, auf einem schmalen Streifen entlang der Außenmauern, werden erhebliche Wassermengen konzentriert. Bei starkem Wind werden sie gegen Hauswände, Türen und Fenster gedrückt und beim Auftreffen auf den Boden spritzen sie an die Sockelzone zurück. Nach dem Versickern in den Boden drängt das Niederschlagswasser an Kellerwände und Fundament, gerade dort, wo es bei fehlender Horizontal- und Vertikalsperre langzeitig das Mauerwerk durchfeuchtet und, beladen mit Salzen und anderen Verunreinigungen, wieder bis über die Sockelzone hinaufsteigen kann. Sie können die Ursache dieses Feuchtigkeitsschadens jedoch recht einfach selbst beheben.

Zwar werden sich nur wenige Heimwerker die Montage und das fachgerechte Verlöten einer **Metalldachrinne** aus verzinktem Ei-

Material
Dachrinnen, Formstücke, Regenfallrohre, Rinnenhalter, Rohrschellen, verzinkte Nägel.

Werkzeug

Schwierigkeitsgrad

0	1	2	3

Kraftaufwand

0	1	2	3

Arbeitszeit
Pro laufenden Meter Dachrinne benötigen Sie etwa 1/2 bis 1 Stunde Arbeitszeit.

Ersparnis
Pro laufenden Meter Dachrinne sparen Sie bis zu 50 €.

senblech oder Kupfer zutrauen. Die wenigsten haben dazu auch das richtige Werkzeug. Baumärkte wie Fachhandel halten jedoch komplette Dachentwässerungssysteme aus PVC bereit, die auch vom Heimwerker, ohne besonderes Werkzeug und ohne Verlöten, einfach und fachgerecht montiert werden können. Moderne Dachrinnen aus güteüberprüften PVC-Werkstoffen haben sich in langjähriger Erfahrung als witterungsfest, korrosionsbeständig, umweltneutral und wartungsfrei erwiesen. Durch ein praxisgerecht konzipiertes Sortiment exakt aufeinander abgestimmter Einzelteile (Dachrinnen, Formstücke, Regenfallrohre und erforderliches Befestigungszubehör) passen sie sich nahezu jedem Dachgrundriß lückenlos an.

Vorarbeiten

Bei Reparaturen am Dach arbeitet man, um Beschädigungen zu vermeiden, von oben nach unten. Führen Sie also zunächst alle notwendigen Dachreparaturen, wie das Ersetzen schadhafter **Dachziegel** oder Befestigen der **Firstpfannen** (s. S. 90ff) durch, bevor Sie mit dem Montieren der Dachrinne beginnen.

Sicherheitstip

Bei zwei- oder mehrgeschossigen Häusern ist zu Ihrer eigenen Sicherheit das Aufstellen eines Gerüsts unbedingt erforderlich. Ein auf den Bürgersteig überstehendes Gerüst müssen Sie zur Sicherheit von Fußgängern nachts mit einer Warnleuchte versehen.

Wenn Sie ohnehin ein Gerüst aufstellen müssen, so werden Sie vielleicht verschiedene Arbeiten gruppieren. Nach dem Prinzip »erst oben, dann unten« beginnen Sie mit der Montage der Dachrinne und führen Fassadenarbeiten erst danach aus.

Da für die Befestigung der **Rinnenhalter** und der Traufstreifen die Dacheindeckung im Bereich der Traufe aufgedeckt werden muß, ist es zur Vermeidung von Wasserschäden wichtig, für diese Arbeiten einen Tag oder mehrere Tage zu wählen, an denen mit Regen nicht gerechnet wird. Halten Sie für den Notfall entsprechende Abdeckplanen bereit. Berechnen Sie die Rinnen- und Fallrohrdurchmesser und erstellen Sie, nach den Maßen des Dachgrund-

3

4

5

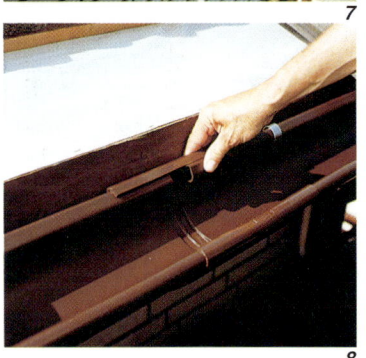

risses, eine möglichst genaue Skizze mit den Einzelteilen der geplanten Dachentwässerung als Grundlage für Ihre Einkaufsliste.

Profitip

Lagern Sie Dachrinnen und Regenfallrohre nach der Lieferung auf ebener Fläche. Hierdurch vermeiden Sie Durchbiegungen und Verformungen des Rohrquerschnitts.

Da Sie bei der Montage von Dachrinnen viel auf der Leiter oder auf dem Gerüst stehen, ist zum Anreichen und Halten der Materialien ein Helfer von großem Nutzen.

1 Dachrinnen müssen mit einem Gefälle von 3–5 mm pro Meter eingebaut werden. Um dieses Gefälle bei der nachfolgenden Befestigung der Rinnenhalter genau einhalten zu können, bringen Sie zunächst an den Endpunkten der Traufe je einen Rinnenhalter an. Den für das Gefälle zwischen diesen beiden Punkten der Dachrinne erforderlichen Höhenunterschied berechnen Sie mit nachfolgender Regel:
H = Länge in m x 3–5 mm

Auf eine **Trauflänge** von 10 m ergibt dies einen Höhenunterschied von lediglich 3–5 cm. Hierbei sind in jedem Fall auch bereits bestehende Höhenunterschiede an der Traufkante zu berücksichtigen. Diese ermittelt man am einfachsten mit einer Schlauchwaage.

Die Rinnenhalter müssen vor ihrer Befestigung entsprechend der Dachneigung und in einer dem Gefälle entsprechenden Höhe zurechtgebogen werden. Dies geht am einfachsten mit einem Hammer. Zum Schutz der Rinnenhalter verwenden Sie Kunststoffbacken am Schraubstock und einen Lattenabschnitt als Unterlage beim Klopfen.

Beachten Sie hierbei auch, daß die Rinnenhalter für eine nachfolgende Befestigung von Traufstreifen bündig in die Sparren oder die Dachschalung eingelassen werden müssen. Zum Ausstemmen verwenden Sie Stechbeitel und Hammer.

2 Spannen Sie dann zwischen die beiden Rinnenhalter an den Traufendpunkten zwei Schnüre, an denen Sie alle weiteren Rinnenhalter exakt auf das erforderliche Gefälle ausrichten können. Die Rinnenhalter werden in die Dachsparren eingelassen und dort mit verzinkten Nägeln befestigt. Ihr Abstand voneinander sollte 70 cm nicht überschreiten. Nur bei wirklich straff gespannten Schnüren kann das Gefälle mit der Wasserwaage überprüft werden. Genauer ist jedoch die Zuhilfenahme einer Schlauchwaage.

3 Dachrinnen und Fallrohre aus PVC schneidet man am besten mit einer feingezahnten Säge. Um einen exakt rechtwinkligen Schnitt zu erhalten, verwendet man eine Schneidlade. Alle Sägekanten müssen sorgfältig mit dem Messer entgratet werden. Dachrinnen- und Regenfallrohrformstücke dürfen nicht gekürzt werden.

4 Legen Sie zunächst zwei abgelängte Rinnenstücke in die Rinnenhalter ein. Dazu stecken Sie die Dachrinne in Hochkantlage mit dem vorderen Wulst über die Abkante der Rinnenhalter und schwenken Sie dann nach unten. Bei langen Dachrinne ist dazu ein Helfer unentbehrlich.

5 Hiernach befestigen Sie die Rinnenstücke durch Umbiegen der **Rinnenhalterfedern**. Wegen der starken Temperaturschwankungen, denen die Dachrinne ausgesetzt ist, muß sie sich in der Länge frei ausdehnen und zusammenziehen können. Die Federn sollten also nur so weit umgebogen und angedrückt werden, daß ein freies Gleiten der Rinnenteile noch möglich ist.

9

Dennoch muß die Rinne an einem Punkt gegen unkontrolliertes Wandern fixiert werden. Wählen Sie hierfür einen Rinnenhalter in der Mitte der Rinne und sägen Sie den inneren **Rinnenwulst** im Bereich der Rinnenhalterfeder mit zwei Schnitten auf die Breite der Feder ein.

10

Beachten Sie beim Fixieren benachbarter Rinnenteile außerdem, daß diese nicht dicht an dicht montiert werden dürfen, da sie sich sonst bei Temperaturänderungen nur noch unter starkem Verziehen ausdehnen können.

6 Durch Herunterdrücken der Feder sichern Sie die Dachrinne an diesem Punkt gegen Verschiebungen.

11

7 Nun müssen Sie die Rinnenlängen miteinander verbinden. Hierzu benutzen Sie die Verbindungsklammern, deren Lippendichtungen Sie mit Gleitmittel (auf keinen Fall mit Öl oder Fett) eingestrichen haben.

Drücken Sie zunächst den Außenwulst der beiden Rinnenteile in den Außenwulst der Verbindungsklammer ein und schwenken Sie diese nach hinten, bis ihr Innenwulst über dem Innenwulst der Rinnenteile einrastet.

8 Die Verbindungsklammern weisen am Außenwulst zwei Markierungen auf, die den Sollabstand der Rinnenteile bei der Montage anzeigen.

9 Verschließen Sie nun die offenen Enden der Dachrinne, indem Sie die **Rinnenkappen** aufstecken.

10–11 Außen- und Innenwinkel-Formteile montieren Sie durch Aufstecken. Dabei wird der jeweilige Außenwulst des Formteils in den Außenwulst der Dachrinne eingehängt. Die Teile werden dann gegeneinander eingeschwenkt, bis der Innenwulst der Formteile über den Innenwulst der Dachrinne einschnappt.

12 Montieren Sie an den vorgesehenen Punkten die Ablaufstutzen. Zeichnen Sie hierzu die Umfangslinie des Rinnenstutzens an der entsprechenden Stelle auf das Rinnenteil auf. Am besten halten Sie dazu einen Rinnenstutzen gegen die Rinne. Sägen Sie die Ablauföffnung mit einer feingezahnten Säge aus. Nach dem Aussägen entgraten Sie die Schnittkanten sorgfältig mit einem Messer. Rinnenstutzen mit Lippendichtung werden wie Verbindungsklammern über die Rinne eingeschwenkt. **Rinnenstutzen** mit glatten Enden werden mit Verbindungsklammern montiert. Die Enden der Dachrinne werden einseitig direkt mit Rinnenkappen geschlossen.

13 Schließen Sie nun das Regenfallrohr an. Bei einem weitem Dachüberstand benötigen Sie zwei Rohrbogen und ein Rohrstück, das Sie erst auf die richtige Länge abschneiden müssen. Hierfür verwenden Sie wieder eine feingezahnte Säge. Nach dem Abschneiden entgraten Sie die Schneidekante mit einem Messer.

14 Befestigen Sie diese Fallrohrteile zunächst provisorisch und messen Sie dann die Länge des senkrecht anzubringenden Fallrohrs aus. Berücksichtigen Sie hierbei, daß für temperaturbedingte Längendehnungen zwischen dem Spitzende der Rohrstücke und dem Muffengrund der Nachbarrohre ein Spiel von etwa 10 mm bleiben muß. Um dieses Spiel beim Aufeinanderstecken der Rohre zu ermöglichen, wird zunächst das Spitzende bis zum Muffengrund in das Anschlußrohr eingeschoben und dann etwa 10 mm weit zurückgezogen.

Befestigen Sie die Regenfallrohe jeweils unmittelbar unter den Rohrmuffen mit einer Rohrschelle. Nur diese Rohrschellen werden fest angezogen, während Sie weitere Rohrschellen (Höchstabstand 2 m) nur locker anziehen sollten. Dies ist notwendig, um die Längenausdehnung der Rohre bei Temperaturschwankungen nicht zu behindern.

15–16 Zum Schluß montieren Sie die Traufstreifen. Beachten Sie beim Ablängen der Traufstreifen, daß bei der Befestigung zwischen benachbarten Traufstreifen ein Abstand von etwa 30 mm freigelassen werden muß. Das Ablängen geht am einfachsten mit einer feingezahnten Säge auf ebener Unterlage.

Der Höhenabstand zwischen der Dachrinne und der Traufziegelreihe vergrößert sich mit zunehmendem Gefälle. Befestigen Sie deshalb die unterste Dachlatte, auf der die Traufziegel aufliegen so, daß ihr Abstand von der Hinterkante der Dachrinne (über die Schalungsbretter gemessen) über die gesamte Trauflänge etwa 60 mm beträgt. Die Dachlatte müssen Sie entsprechend dem Gefälle der Dachrinne »schräg« auf der Dachschalung befestigen.

Die Traufstreifen werden in den hinteren Rinnenwulst eingehängt, über die Schalungskante und die Dachlatte gebogen und auf dem Traufbrett befestigt. Verwenden Sie für die Befestigung im Abstand von etwa 50 cm Haften.

Nach dem Auflegen der Traufziegel und dem Anschluß der Regenfallrohre an die Kanalisation ist Ihr Dach fachgerecht und sicher entwässert.

15

16

Eine Kastendachrinne montieren

Neben den bewährten Halbrund-dachrinnen hält der Handel speziell für Kleindächer konzipierte Kastendachrinnen aus hochwertigem PVC bereit, die vom Heimwerker schnell und einfach montiert werden können.

Arbeitsvorbereitungen

Zeichnen Sie zunächst nach den Maßen des zu entwässernden Dachs eine grobe Aufsichts-skizze mit allen benötigten Teilen der zu montierenden Kasten-dachrinne. Erstellen Sie dann für Ihren Einkauf (in Baumärkten oder im Fachhandel) eine genaue Liste, in der Sie Stückzahlen, Lauflängen und Abmessungen vermerken. Bei einigen Fa-

Sicherheitstip

Wenn Sie bei niedrigen Dächern den Aufwand für ein Gerüst vermeiden wollen, so benötigen Sie für alle Arbeiten eine standsichere Leiter. Achten Sie beim Aufstellen und Versetzen der Leiter vor allem auf die Untergründe. Auf weichem Boden können Sie die Standfestigkeit durch Anschrauben einer breiten Latte am Fußpunkt der Leiter erhöhen.

Material
Kastendachrinne, Rinnenhalter, Verbindungsklammern, PVC-Klebstoff, Regenfallrohr, verzinkte Holzschrauben.

Werkzeug

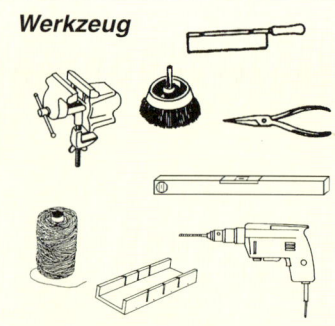

Schwierigkeitsgrad

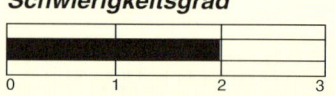

Kraftaufwand

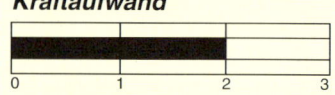

Arbeitszeit
Pro laufenden Meter Kastendachrinne müssen Sie mit einer Arbeitszeit von 1/2 bis 1 Stunde rechnen.

Ersparnis
Pro laufenden Meter Dachrinne sparen Sie bis zu 50 €.

brikaten von Kastendachrinnen werden die einzelnen Rinnenteile miteinander verklebt. Sie benötigen hierfür einen vom Hersteller empfohlenen PVC-Reiniger sowie den entsprechenden PVC-Kleber. Vor dem Montieren der Dachrinne decken Sie die Dacheindeckung im Bereich der Dachtraufe auf.

1 Kastendachrinnen werden wie Halbrunddachrinnen mit Rinnenhaltern an der Dachschalung bzw. an den Dachsparren befestigt. Um das notwendige Gefälle von etwa 3–5 mm pro Meter einzurichten, befestigen Sie zunächst je einen Rinnenhalter an den Endpunkten der Dachtraufe. Hierzu biegen Sie die Rinnenhalter im Schraubstock oder mit einer Biegezange entsprechend des für das Gefälle benötigten Abstands von der Traufkante zurecht. Die Befestigung erfolgt mit verzinkten Breitkopf-Nägeln oder verzinkten Holzschrauben, wobei es sinnvoll ist, die Rinnenhalter durch Ausstemmen der Dachschalung oder der Sparren bündig in diese einzulassen. Spannen Sie nun zwischen den Rinnenhaltern an den Traufenden zwei Richtschnü-

re, nach denen Sie die übrigen Rinnenhalter nach dem Zurechtbiegen exakt ausrichten können. Der Abstand zwischen den Rinnenhaltern sollte dabei 70 cm nicht überschreiten.

Profitip

Bei starkem Gefälle der Dachrinne läuft zwar das Wasser schnell weg, feste Stoffe wie Moos oder Blätter bleiben jedoch in der Rinne liegen. Deshalb ist die Einhaltung eines möglichst geringen Gefälles besonders wichtig. Zur Ausmessung des Höhenunterschieds zwischen den jeweiligen Endpunkten der Rinnenhalter eignet sich am besten eine Schlauchwaage. Mehr als 5 mm pro Meter laufender Dachrinne sollte der Höhenunterschied nicht betragen. Durch Umbiegen der einzelnen Rinnenhalter können Sie den Höhenunterschied korrigieren.

2 Dachrinnen und Regenfallrohre aus PVC schneidet man mit einer feingezahnten Säge auf die passende Länge ab. Für genaue Schnitte empfiehlt sich die Verwendung einer Schneidlade. Die Schnittkanten sollten sorgfältig

3

4

5

mit einem Messer entgratet werden.

3 Zur wasserdichten Verbindung einzelner Rinnenlängen werden Verbindungsklammern verwendet. Die Verbindung erfolgt durch Kleben mit einem speziellen PVC-Kleber. Vorher müssen Sie die Klebestellen sorgfältig mit PVC-Reiniger entfetten.

4 Beim Verkleben wird der Außenwulst der Verbindungsklammer auf den Außenwulst des Rinnenstücks eingeschwenkt (nicht aufgeschoben), bis der Innenwulst der Klammer über den Innenwulst der Dachrinne einschnappt. Überschüssiger Kleber sollte sofort mit einem Tuch abgewischt werden. Auch die offenen Rinnenenden werden durch Ankleben der Rinnenkappen verschlossen.

5 Zum Anbringen des Rinnenstutzens zeichnen Sie zunächst die Ablauföffnung auf dem entsprechenden Rinnenstück an. Danach bohren Sie (am besten mit einem Metallbohrer) im angezeichneten Bereich ein für das nachfolgende Ausschneiden mit der Stichsäge ausreichend großes Loch. In der

Stichsäge verwenden Sie ein feingezahntes Sägeblatt (Metallsägeblatt). Auch hier ist sorgfältiges Entgraten der Schneidekante wichtig. Das Verkleben des Rinnenstutzens erfolgt wieder wie bei den Verbindungsklammern.

6 Beim Einsetzen wird die fertig verklebte Dachrinne zunächst in Hochlage mit dem vorderen Wulst über die Rinnenhalter gesteckt und dann erst nach unten eingeschwenkt. Die Rinne sollte hierbei nicht verdreht oder verkantet und damit eingeklemmt werden. Achten Sie darauf, daß die Rinne in Längsrichtung für den notwendigen Ausgleich temperaturbedingter Längendehnungen frei gleiten kann.

7 Durch Umbiegen der Federn an den Rinnenhaltern wird die Dachrinne beweglich fixiert.

8 Das Aneinanderfügen der Rohrbögen und Regenfallrohre erfolgt durch Aufstecken der spitzeren Rohrenden auf die Rohrmuffen. Befestigen Sie die einzelnen Rohrstücke jeweils unmittelbar unterhalb der Muffe mit einer nicht fest angezogenen Rohrschelle (Längendehnung).

Strapazierte Flächen wetterfest versiegeln

1

2

Stark strapazierte Flächen im Außenbereich sind durch den schnellen Abrieb ihrer **Oberflächenbeschichtung**, durch das Einwirken von Regen, Frost und Sonnenbestrahlung besonders stark feuchtigkeitsgefährdet. Auch im Haus selbst, in Keller- und Waschräumen, in Fahrradkellern und Garagen sind begangene oder befahrene Oberflächen einer stärkeren Beanspruchung ausgesetzt. Hier kommt es auf eine in hohem Maße strapazierfähige, abrieb- und haftfeste **Versiegelung** an, die zudem höchste Ansprüche an **Wetterbeständigkeit** und **Lichtechtheit** erfüllen muß, wasserabweisend und diffusionsoffen ist. Acrylanstriche erfüllen diese Forderungen bei fachgerechter Verarbeitung in hohem Maße. Sie können vom Heimwerker ganz ohne Probleme verarbeitet werden.

Grundvoraussetzung für das Auftragen dieser Anstriche ist eine ebene, tragfähige, rißfreie, trockene und saubere Oberfläche. Alte, nicht tragfeste Anstriche müssen vor dem Auftragen der Versiegelung entfernt werden. Oberflächen im Außenbereich, Span-

Material
Acrylversiegelung, Grundierung.

Werkzeug

Schwierigkeitsgrad

0	1	2	3

Kraftaufwand

0	1	2	3

Arbeitszeit
Pro m² Fläche benötigen Sie zwischen 15 und 30 Minuten.

Ersparnis
Pro m² Fläche sparen Sie Arbeitskosten zwischen 10 und 20 €.

platten und begangene Oberflächen müssen vor dem Auftragen der Deckanstriche grundiert werden. Richten Sie sich bei der Auswahl der Grundierung nach den Herstellerangaben auf dem Anstrichgebinde.

1 In Garagen, Fahrradkellern, Waschküchen und Hobbyräumen fällt immer wieder mit Ölresten, Tausalz oder Waschmitteln verunreinigtes Wasser an, das eine rasche Zunahme von Feuchtigkeitsschäden begünstigt. Deshalb ist hier eine strapazierfähige Versiegelung besonders wichtig. Tragen Sie nach dem gründlichen Abkehren des Bodens zunächst eine Grundierung auf.

2 Nach dem Trocknen der Grundierung tragen Sie den ersten Deckanstrich auf. An Rändern und Ecken geht dies am besten mit einem schmalen Borstenpinsel. Große Flächen bearbeiten Sie mit der Lammfellrolle oder mit dem Quast. Zwei Deckanstriche sind nötig, um den Boden abriebfest und öldicht zu versiegeln.

3 Fußböden aus Spanplatten werden durch Begehen schnell unansehnlich. Obwohl Schmutz

leicht in die Plattenoberfläche eindringt, ist eine Reinigung kaum möglich, da der Holzwerkstoff zu feuchtigkeitsempfindlich ist. Schon kleine Wassermengen können zum Aufquellen der Plattenoberfläche führen. Deshalb ist eine wasserabweisende Versiegelung des Spanplattenbelags die richtige Lösung.

Profitip
Bevor Sie einen versiegelnden Anstrich auftragen können, müssen Sie die Spanplatten, nach gründlichem Absaugen grundieren.

Nach dem Trocknen der Grundierung streichen Sie zuerst die Ränder der Spanplatten mit der Versiegelung. Anschließend tragen Sie die Versiegelung großflächig mit einer Lammfellrolle auf. Den zweiten Deckanstrich können Sie schon nach wenigen Stunden ausführen.

4 Unüberdachte Terrassen oder Balkone sind durch den starken Abrieb beim Begehen besonders feuchtigkeitsgefährdet. Mit einer Schutzschicht können Sie auch die Flächen am Außenbau vor Schäden schützen.

3

4

Fliesen in einer Duschecke wasserdicht verlegen

1

2

Gerade in Badezimmern werden Feuchtigkeitsschäden oft erst zu spät bemerkt. Beim Einbau von Duschecken oder Badewannen kommt es daher besonders auf eine auch langzeitig sichere Abdichtung der Untergründe, auf eine wasserdichte Verlegung der Fliesen und auf wasserdichte Anschlußfugen an.

1 Beim nachträglichen Einbau von Duschecken werden Abwasserrohre meistens vor der Wand verlegt. Wegen der notwendigen **Schalldämmung** ist es sinnvoll, die neuen Abwasserrohre zu ummauern. Dafür bietet sich die Verwendung von formatgenauen Kalksandsteinen an. Da Sie zum Ummauern der Rohre nur eine kleinere Menge Mörtel benötigen, verwenden Sie am besten einen fertig gemischten Universalmörtel, den Sie nur noch mit Wasser anmachen müssen.

2 Mit diesem Mörtel können Sie auch die **Rohrummauerung** verputzen. Schlagen Sie dafür zunächst eine Putzlatte an der Mauerecke an. Tragen Sie daraufhin den Verputz mit dem Stahlglätter einlagig in der vorgesehenen Dicke auf.

Material
Je nach Ausführung benötigen Sie: Abwasserrohre, Universalmörtel, Kalksandsteine, Bitumenanstrich, Fliesenmörtel, Fliesen, Fugenmörtel, Silikondichtstoff.

Werkzeug

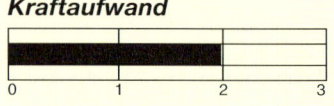

Schwierigkeitsgrad

0	1	2	3

Kraftaufwand

0	1	2	3

Arbeitszeit
Pro m² zu verfliesende Fläche benötigen Sie 1 bis 2 Stunden.

Ersparnis
Pro m² zu verfliesende Fläche sparen Sie bis zu 25 €.

Durch Filzen entlang der **Putz-lehre** erhalten Sie eine planebene Fläche.

Wenn der Verputz erhärtet ist, befestigen Sie die Putzlatte auf der bereits verputzten Mauerfläche. Nach dem Auftragen und Filzen des Mörtels ziehen Sie die verputzten Flächen mit dem Stahlglätter ab.

3 **Plattenbaustoffe** (Holzspanplatten, Gipsbauplatten, Gipskartonplatten) müssen für die nachfolgende Verfliesung mit einem dauerelastischen und wärmebeständigen Bitumenanstrich abgedichtet werden. Stark saugfähige Untergründe erhalten dabei zunächst eine Grundierung mit verdünntem Bitumenanstrich. Danach rollen Sie für die erste Deckschicht den Anstrich unverdünnt auf die großen Flächen auf. Mit einem Pinsel streichen Sie die Anschlußstellen zwischen den einzelnen Bauplatten sowie alle Kanten und Ecken besonders sorgfältig.

Auf den großen Flächen tragen Sie den Bitumenanstrich am besten mit der Rolle oder einem Quast auf.

3

4

4 Betten Sie an allen Ecken ein Dichtungsband in die frische Anstrichmasse ein. Zum Andrücken und anschließenden Überstreichen verwenden Sie wieder den Pinsel.

Sorgfältiges Einlegen des Dichtungsbands ist natürlich auch an den **Plattenstößen** in der Fläche erforderlich. Nach der vom Hersteller angegebenen Trocknungszeit wird ein zweiter Deckanstrich aufgebracht. Vor dem Auftragen des Fliesenklebers muß der Bitumenanstrich vollkommen trocken und ausgehärtet sein. Beachten Sie auf jeden Fall die vom Hersteller angegebenen Wartezeiten.

5 Tragen Sie den speziell für Plattenbaustoffe geeigneten, flexiblen Fliesenkleber mit einem Zahnspachtel in der vom Kleberhersteller empfohlenen passenden Zahnung auf.

Profitip
Wählen Sie die Größe der Zahnung je nach Stärke der Rückenprofilierung ihrer Fliesen. Beachten Sie jedoch, daß mindestens 80 % des Fliesenrückens mit dem Kleber in Kontakt kommt.

Bearbeiten Sie jeweils eine begrenzte Fläche, die Sie auch in der offenen Zeit des Klebers verfliesen können.

Dabei wird der Kleber am Untergrund sorgfältig durchgekämmt.

6 Beginnen Sie mit dem Verfliesen in einer Raumecke und klopfen Sie die Fliesen nach dem Ansetzen und Ausrichten vorsichtig mit einem Gummihammer fest.

Profitip

Für einen genauen Fugenschnitt verwenden Sie am besten im Handel erhältliche Abstandshalter. So werden Ihre Fugen ganz regelmäßig.

7 Nach dem Aushärten des Fliesenklebers (Herstelleranleitung beachten) verfugen Sie die Fliesen mit einem wasserdichten Fugenmörtel. Hierbei tragen Sie den Fugenmörtel mit dem Fugengummi vollflächig auf die Fliesen auf. Zum besseren Einarbeiten des Mörtels in die Fugen bewegen Sie den Fugengummi diagonal zum **Fugenschnitt**. Kratzen Sie dann alle Anschlußfugen und alle Eckfugen sorgfältig mit einem Holzstab aus. Diese Fugen

müssen später dauerelastisch verfugt werden. Sobald der Fugenmörtel nicht mehr glänzt, reinigen Sie die Fliesen mit einem immer wieder in klarem Wasser ausgewaschenen Schwamm. Wiederholen Sie diesen Arbeitsgang, bis alle Fliesen sauber sind. Zum Schluß säubern und polieren Sie die Fliesen mit einem trockenen Tuch.

8 Wenn die Fugen ausgehärtet sind, schließen Sie die Anschluß- und Eckfugen mit einem Silikondichtstoff aus der Kartusche. Hierfür kleben Sie die Fugen zunächst beidseitig in geringem Abstand mit Klebeband ab. Beim Einspritzen des Dichtstoffs beginnen Sie an einer Ecke und setzen erst an einem Fugenende oder an einer anderen Ecke mit dem Auspressen aus. Glätten Sie die Fugen mit einem in Wasser angefeuchteten Finger. Dem Wasser haben Sie vorher einige Tropfen Spülmittel zugefügt. Ziehen Sie sofort danach das Klebeband ab.

Nun ist Ihre Duschecke fertig. Vor dem Duschen müssen Sie aber noch einige Tage abwarten, bis der Dichtstoff ausvulkanisiert ist.

7

8

Dämmstoffe gegen Durchfeuchtung schützen

Material

Dampfbremsfolie mit s_d-Wert größer als 50 m, zur Verlegung von Dampfbremsfolie geeignetes Klebeband und Dichtungsband, Schrauben und Dübel.

Werkzeug

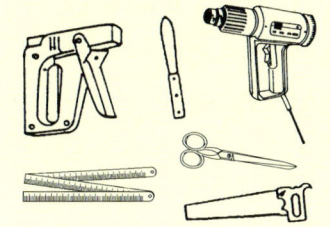

Schwierigkeitsgrad

0   1   2   3

Kraftaufwand

0   1   2   3

Arbeitszeit

Pro m² Folie benötigen Sie zwischen 10 und 20 Minuten Arbeitszeit, bei schwierigen Wandanschlüssen entsprechend mehr.

Ersparnis

Pro m² Folie ersparen Sie Verlegekosten zwischen 5 und 10 €.

Zur sicheren Vermeidung von Tauwasserschäden erfordert der Einsatz von Dämmstoffen im Dachbereich den fachgerechten Einbau von dampfbremsenden und winddichten Spezialfolien.

Vorarbeiten

Bevor Sie mit den Dämmaßnahmen beginnen, sollten Sie alle eventuell notwendigen Reparaturen an der Dacheindeckung durchführen.

Kontrollieren Sie daher das gesamte Dach an einem Regentag auf seine Dichtigkeit.

Für den Einbau von Dämmstoffen und Folien brauchen Sie allen verfügbaren Platz. Räumen Sie den Dachraum volkommen leer und fegen Sie ihn gründlich aus. Bei Altbaudächern findet sich oft eine Unmenge Staub an den Holzteilen. Reinigen Sie auch diese gründlich. Gute Dienste leistet dabei ein leistungsfähiger Staubsauger.

1 Moderne **Dämmstoffilze** können maßgerecht zugeschnitten werden. Messen Sie zunächst jeweils den lichten **Sparrenabstand**. Der Zuschnitt des Dämm-

1

2

3

6

4

7

5

8

stoffilzes sollte mit 1 cm Übermaß erfolgen. Legen Sie ein Holzbrett in entsprechendem Abstand auf den Dämmstofffilz und schneiden Sie den Dämmstoff mit einem scharfen Messer mit langer Klinge entlang der Kante des Bretts zu.

Sicherheitstip
Dämmstoffe aus Mineralfaser sollten aus Sicherheitsgründen nicht mit elektrischen Sägen geschnitten werden. Tragen Sie bei der Verarbeitung von Mineralfasern dichtschließende Kleidung und eine Feinstaubmaske (P2).

2 Die zugeschnittene Dämmstoffplatte wird unter leichtem Druck zwischen die **Sparren** geklemmt. Achten Sie dabei auf einen fugendichten Anschluß der Platten untereinander. Füllen Sie alle Sparrenzwischenräume mit Dämmstoff und stopfen Sie Fehlstellen und Anschlußbereiche sorgfältig mit Reststücken aus.

Profitip
Ein geringes Übermaß der Dämmfilze von bis zu 1 cm ist für deren festen Sitz zwischen den Dachsparren besonders vorteilhaft.

3 Für eine senkrechte Folienüberlappung, parallel zu den Sparren, gehen Sie wie folgt vor: Heben Sie die Folie zunächst mit einer T-förmigen Abstützung aus Dachlatten an. Richten Sie die Folie so aus, daß zu den Anschlußstellen (Giebelwand, Fußpfette, Firstpfette) ausreichend Überhang bleibt.

4 Tackern Sie die Folie in der Fläche an allen Sparren im Abstand von etwa 10 cm an.

5 Kleben Sie an der Anschlußseite der Folie (auf einem Sparren) das Spezial-Klebeband auf und drücken Sie dieses fest an.

6–8 Auf die gleiche Weise befestigen Sie die zweite Folienbahn. Achten Sie auf ausreichenden Überstand an den Anschlußseiten und zur benachbarten Folie. Ziehen Sie erst jetzt den Trennstreifen des Klebebands ab. Kleben Sie die Folienbahn an der Überlappungsstelle auf. Die Folie sollte locker und gleichmäßig gespannt sein. Vermeiden Sie zu starke unregelmäßige Verspannungen, die leicht zu Einrissen führen könnten. Drücken Sie die Folienbahn im Verlauf des Klebebands fest an.

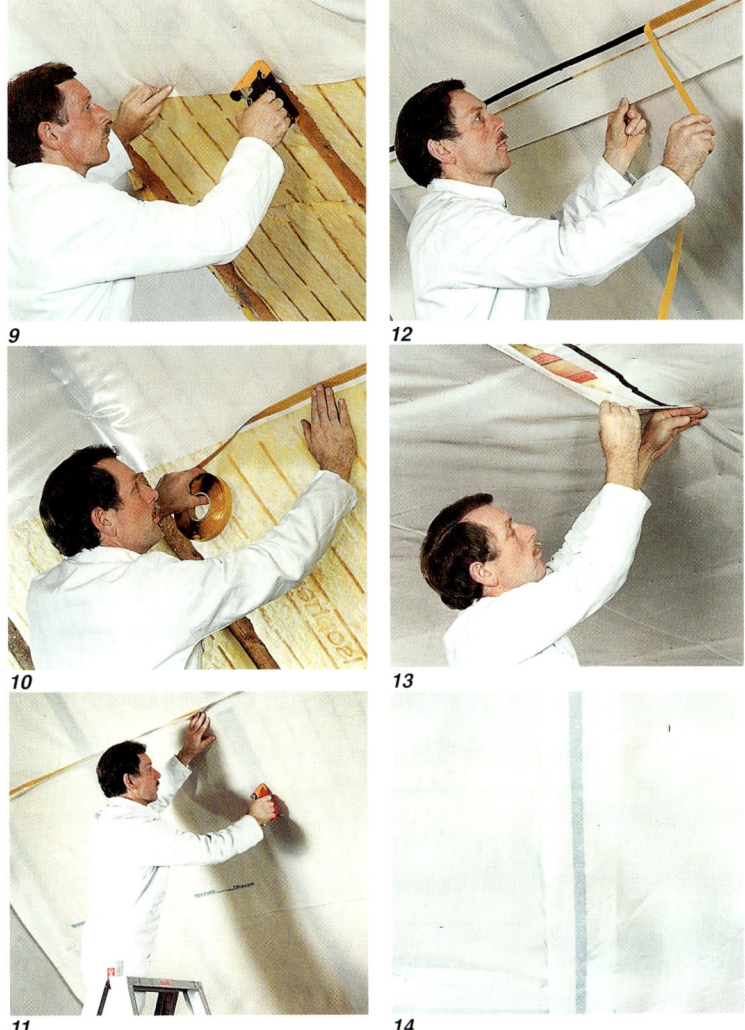

9

12

10

13

11

14

15

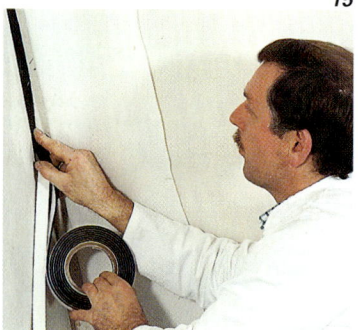

16

17

18

19

20

9 Für eine Folienüberlappung quer zu den Sparren befestigen Sie die Folie mit ausreichendem Überstand zunächst am **Firstbalken**.

Achten Sie auch hierbei auf den notwendigen Überstand zu benachbarten Bauteilen. Tackern Sie die Folie dann auf allen Sparren im Abstand von etwa 10 cm an.

10 Kleben Sie jetzt das Klebeband entlang dem Folienrand auf die erste Folienbahn.

11 Befestigen Sie die zweite Folienbahn von unten her an den Sparren, so daß sie etwa 10 cm über die erste Folienbahn übersteht.

12–14 Ziehen Sie zunächst den Trennstreifen des Klebebands ab. Drücken Sie die Folienbahn im Verlauf des Klebestreifens fest an. Die Folienüberlappung ist dauerhaft und winddicht verklebt.

15 Nun dichten Sie die Anschlüsse an den Giebelwänden ab. Tackern Sie zunächst den Überstand der Folie am wandnächsten Sparren in relativ dichtem Abstand an.

16 Kleben Sie jetzt das Spezial-Dichtband entlang dem Sparren auf den Innenputz der Giebelwand auf.

17 Schrauben Sie mit Schnellbauschrauben eine **Anpreßlatte** (Dachlatte) so an den Sparren, daß die Folie fest an das Dichtungsband gedrückt wird.

18 Bei großem Abstand zwischen Sparren und Wand schrauben Sie die Anpreßlatte am besten mittels Durchsteckdübeln an die Wand.

19 Bei allen Arbeiten ist ein Helfer sehr nützlich. Die Abbildung zeigt das Befestigen der Anpreßlatte im Bereich der **Kehlbalkendecke**.

20 Nach dem Befestigen der Anpreßlatten schneiden Sie den Folienüberstand mit einem scharfen Messer bündig ab.

21 Für den winddichten Anschluß an die Mittelpfette befestigen Sie zunächst die Folie so, daß sie ausreichend weit auf die Mittelpfette übersteht.

Kleben Sie dann das Dichtband an die **Mittelpfette**.

21

24

22

25

23

26

27

30

28

31

29

32

22–24 Ziehen Sie die Folie mit der Anpreßlatte gleichmäßig an die Mittelpfette. Befestigen Sie die Latte im Verlauf des Dichtbands mit Schnellbauschrauben. Schneiden Sie den überstehenden Folienrand bündig mit der Latte ab.

25 Verfahren Sie ebenso auf der anderen Seite der Mittelpfette. Beim Beiziehen der Folie ist ein Helfer nützlich.

26 Befestigen Sie die Anpreßlatte am Kehlbalken. Das vorkomprimierte Dichtband quillt nun auf und sorgt für einen dauerhaft winddichten Anschluß.

27–32 Auch die betonierte **Kaminverwahrung** muß fachgerecht mit Folie abgedichtet werden. Schneiden Sie zunächst ein ausreichend großes Stück Folie aus und befestigen Sie es an Kehlgebälk und **Kaminwechsel**. Schneiden Sie die Folien am Übergang zwischen Kaminwechsel und Betonverwahrung ab. Kleben Sie dann im Verlauf der Fuge zwischen Wechsel und Beton das Dichtband auf. Schrauben Sie rund um den Kamin, im Verlauf von Kaminwechsel und

Kehlbalken, die Anpreßlatten an. Der fertige Kaminanschluß ist nun dauerhaft winddicht.

33 An Dachfenstern stopfen Sie zunächst alle Hohlräume zwischen Sparren und Fensterrahmen sorgfältig mit Dämmstoff aus.

34 Nach dem Überziehen der Sparren mit Folie schneiden Sie die Folie entsprechend der Fensterabmessung so ab, daß ausreichend Überstand bleibt.

35 Kleben Sie nun das Klebeband unter festem Druck auf den äußeren Rahmenbereich des Fensters auf.

36 Kleben Sie nach dem Abziehen des Trennstreifens die überhängende Folie an.

37 Wenn beide Seiten der Fensterleibung mit Folie überzogen sind, kleben Sie an der oberen und an der unteren Fensterleibung lückenlos Klebestreifen auf.

38 Überkleben Sie diese Flächen mit Folie und drücken Sie die Folie im Verlauf des Klebebands fest an. Hiernach können Sie am Fenster überstehende Folienstreifen

33

34

35

36

37

38

abschneiden und die Folie umlaufend an der Fensterleibung im Abstand von 3 cm antackern.

39 Bei Rohranschlüssen markieren Sie mit einem entsprechenden Rohrstück den Rohrquerschnitt auf einem ausreichend großen Stück Folie.

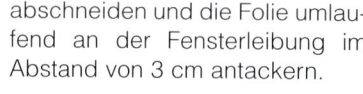

39

42

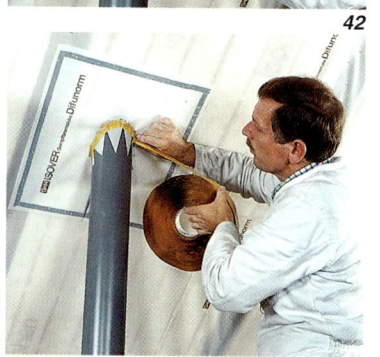

40 Schneiden Sie dann von der Mitte her die Folie segmentförmig bis zur Markierung ein. Ein weiterer Einschnitt wird vom Folienrand bis zum markierten Rohrdurchlaß geführt.

41 Bekleben Sie die Ränder des Folienstücks und beidseitig den Einschnitt mit Klebeband.

40

43

42 Ziehen Sie den Trennstreifen beim Aufkleben des Folienabschnitts stückweise ab.

43 Verkleben Sie die restlichen Lücken sorgfältig mit Klebeband.

44 Der fertige Rohranschluß ist vorbildlich abgedichtet. Nachdem Sie das Dach lückenlos abgedichtet haben, können Sie mit den Arbeitsvorbereitungen für die Innenverkleidung der neuen Dachräume beginnen.

41

44

Ein undichtes Ziegeldach reparieren

Undichte Dacheindeckungen sind eine der offensichtlichsten Ursachen für Feuchtigkeitsschäden. An verschobenen oder gebrochenen Dachziegeln eindringende Wassermengen fallen meist rasch auf, die Ursache läßt sich durch einfache Reparaturen leicht beheben. In vielen Fällen sind es jedoch versteckte, kleinere undichte Stellen an der Dacheindeckung, die die schwerwiegendsten Folgen haben.

Wegen der stärkeren Belastung durch Wind und Wetter und wegen Verlegung in Mörtel sind die First-, Grat- und Traufziegel besonders gefährdet. Auch führen natürliche Setzungsbewegungen alter Dachstühle zu einer Lockerung dieser Ziegel aus dem Mörtelbett. Das eindringende Wasser befeuchtet oft über lange Zeit unentdeckt die oberen Teile des Dachstuhls oder die **Giebelmauern**, in denen die Balkenköpfe aufliegen. Selbst geringe Wassermengen führen langfristig zu schwerwiegenden Feuchtigkeitsschäden gerade an den Balkenköpfen, auch wenn das Dachgebälk in allen anderen Bereichen noch vollkommen unbeschädigt ist.

Material
Dachdeckermörtel und eventuell neue Firstziegel.

Werkzeug

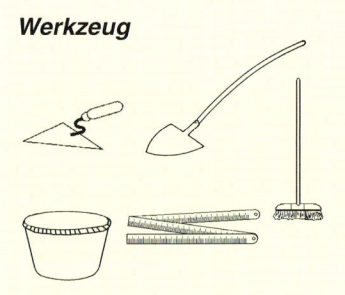

Schwierigkeitsgrad

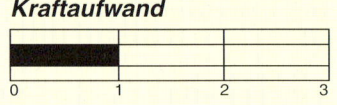

| 0 | 1 | 2 | 3 |

Kraftaufwand

| 0 | 1 | 2 | 3 |

Arbeitszeit
Bei der Neuverlegung von Firstziegeln benötigen Sie pro laufenden Meter etwa eine 1/2 Stunde.

Ersparnis
Sie ersparen Arbeitskosten von etwa 25 € pro laufenden Meter neu zu verlegender Firstziegel.

Für die fachgerechte Neuverlegung von First-, Grat- und Traufziegeln benötigen Sie einen witterungsbeständigen, frostsicheren Dachdeckermörtel, der zur Erhöhung von Zugfestigkeit und Zusammenhaltevermögen mit Fasern (asbestfrei) angereichert ist. Solche Mörtel erhalten Sie in unterschiedlichen Gebindegrößen im (Dachdecker-)Fachhandel und in Baumärkten als fertig gemischte Werktrockenmörtel, die nur noch mit Wasser angemischt werden müssen.

Vorarbeiten

Überprüfen Sie an einem regnerischen Tag Ihr Dach von innen her auf Undichtigkeiten. Hierbei achten Sie besonders sorgfältig auf die Firste, Grate und Traufgänge. Steigen Sie an einem trockenen Tag auf Ihr Dach und markieren Sie die Ziegel, die ersetzt werden müssen. Bei Altbaudächern müssen in vielen Fällen alle First- und Gratziegel neu verlegt werden. Wägen Sie ab, ob Sie dabei mit einigen neuen Ersatzziegeln auskommen, oder ob nicht besser gleich alle First- und Gratziegel erneuert werden sollten. Berücksichtigen Sie hierbei auch, daß die alten

4

5

Arbeitsanleitung: Ziegeldach reparieren

6

7

8

Ziegel beim Neuverlegen gründlich gesäubert und von alten Mörtelresten befreit werden müssen, wobei meist zusätzliche Ziegel zu Bruch gehen.

Erst jetzt haben Sie einen Überblick über den Umfang der erforderlichen Reparaturen. Notieren Sie sich für den Einkauf die erforderliche Anzahl der jeweiligen Ziegel. Wenn Sie sich der Benennung, Form und Größe nicht ganz sicher sind, nehmen Sie besser je einen Ziegel der benötigten Sorte mit zum Einkauf.

Wählen Sie je nach Umfang der erforderlichen Reparaturen einen oder mehrere Tage, an denen es aller Voraussicht nach nicht regnen wird. Legen Sie sicherheitshalber eine Plane zum Abdecken bereit.

Sicherheitstip

Schon ein Sturz von einer niedrigen Leiter kann schwerwiegende Folgen haben. Sichern Sie daher Ihre Leiter besonders sorgfältig gegen Verrutschen. Auf dem Dach selbst sollten Sie sich nur mit Hilfe geeigneter Dachleitern bewegen.

1 Nach dem Abnehmen und gründlichen Säubern der neu zu verlegenden Ziegel, mischen Sie den Dachdeckermörtel im Mörtelkübel in der Menge an, die Sie innerhalb von zwei Stunden verbrauchen können. Verwenden Sie genau die vom Mörtelhersteller empfohlene Menge Wasser.

2 Dachdeckermörtel wird weichplastisch verarbeitet. Dies erhöht seine **Klebe-** und **Verbundfähigkeit**. Durch die beigemischten Fasern hat er auch bei dieser Konsistenz ein gutes Standverhalten im Frischzustand.

3 Für die Neuverlegung von Firstziegeln beginnen Sie am Firstanfang. Tragen Sie den Mörtel auf die Giebelmauer und auf die Ziegel der obersten Reihe auf. Drücken Sie nur am Firstanfang zusätzlich eine große Ziegelscherbe in das Mörtelbett.

4 Zur besseren Haftung und für ein voll sattes Mörtelbett streichen Sie außerdem Mörtel in die dafür vorgesehenen Wülste der Firstziegel. Setzen Sie den ersten Firstziegel und achten Sie beim Andrücken darauf, daß er beidseitig auf einem starken Mörtelbett und nicht auf den Dachfannen aufliegt

5 Für die Verlegung des folgenden Firstziegels tragen Sie nun den Mörtel ausreichend dick auf die folgenden Dachpfannen auf.

6 Auch zwischen den einzelnen Firstziegeln ist ein dickes Mörtelbett erforderlich. Tragen Sie deshalb auch auf das Firstpfannenende einen Mörtelwulst auf.

7 Streichen Sie den Mörtel in die Wülste des zu setzenden Firstziegels. Setzen Sie diesen und jeden weiteren Firstziegel in ein dickes Mörtelbett. Achten Sie außerdem auf eine exakt mittige Verlegung zwischen den oberen Dachpfannenreihen.

8 Wenn Sie einige Firstpfannen verlegt haben, verstreichen Sie die Mörtelfugen sorgfältig. Für einen besseren Wasserablauf sollten die Fugen zu den Dachpfannen leicht unterschnitten sein.

9 Im Bereich des Ortgangs werden die Dachpfannen ebenfalls mit Dachdeckermörtel verlegt. Hier arbeiten Sie von unten nach oben. Tragen Sie den Mörtel satt

auf die entstaubte und vorgenäßte Giebelmauer und auf die Nut der die Giebelmauer überdeckkenden Dachpfannen auf.

Den Abschluß bilden hier die beiden letzten Firstpfannen.

10 Am Ortgang selbst arbeiten Sie für eine gute Abdichtung in zwei Lagen. Nach gründlichem Vornässen wird der Mörtel eingeworfen und mit der Traufel verdichtet.

11 Nach dem Erhärten des Mörtels tragen Sie die zweite Lage auf. Glätten Sie diese Lage sorgfältig mit der Kelle.

12 Zum Schluß verstreichen Sie den Mörtel mit einem feuchten Handbesen.

10

11

9

12

Wo finde ich was?

Abbildungsverzeichnis

Die nachstehend aufgeführten Firmen haben Bildmaterial zur Verfügung gestellt. Da sie damit zur Gestaltung dieses Buches beigetragen haben, möchten wir ihnen für die freundliche Unterstützung danken.

AG Ziegeldach e.V.
Schaumburg-Lippe-Str. 4
53113 Bonn
S. 94

Arbeitsgemeinschaft Holz e.V.
Füllenbachstr. 6
40474 Düsseldorf
S. 14–19, 29

**Beecksche Farbwerke
GmbH & Co.KG**
Postfach 81 02 24
70519 Stuttgart
S. 26/2 m.

Manfred Bischoff
Untere Ortsstr. 14
72270 Baiersbronn
S. 5/u., 48

**Brillux, König + Flügger
GmbH & Co. KG**
Weselerstr. 401
48163 Münster
S. 26/u., 74/m.

Colfirmit Rajasil GmbH
Tholauer Str. 25
95603 Marktredwitz
S. 40, 41

Erfurt & Sohn oHG
Dahlhausen 38
42399 Wuppertal
S. 42/u.

Grünzweig + Hartmann AG
Bgm.-Grünzweig-Str. 1
67059 Ludwigshafen
S. 28, 44, 45, 80–89

Henkel KG a A
Henkelstr. 67
40191 Düsseldorf
S. 4/u., o., 22/m., u., 26/o., 51/o.

Knauf Bauprodukte GmbH
Postfach 10
97346 Iphofen
S. 5/o., 23, 27/o., m., 42/o., 43, 74/o., 75/u., 77, 78, 79/o.

PCI Augsburg GmbH
Piccardstr. 11
86159 Augsburg
S. 51/m., 53

**Quick Mix Gruppe
GmbH & Co.KG**
Mühleneschweg 6
49090 Osnabrück
S. 22/o., 25, 27/u., 50, 52, 59, 60, 61, 76, 90–93

Rehau AG & Co.
Ytterbium 4
91058 Erlangen-Eltersdorf
S. 30–33, 35, 54–57, 62–72

Vosschemie GmbH
Esinger Steinweg 50
25436 Uetersen
S. 75/m.

Wacker Chemie GmbH
Geschäftsbereich S
Prinzregentenstr. 22
80538 München
S. 37

Alle übrigen Abbildungen stammen vom Autor dieses Buches.